Malen mit Spachtelmasse und Acrylfarbe

Gudrun Rehn-Göstenmeier

# Malen mit Spachtelmasse und Acrylfarbe

## Ungewöhnliche Materialien für außergewöhnliche Bilder

mitp

Bibliografische Information der Deutschen Nationalbibliothek

Die Deutsche Nationalbibliothek verzeichnet diese Publikation in der Deutschen Nationalbibliografie; detaillierte bibliografische Daten sind im Internet über http://dnb.dnb.de abrufbar.

Bei der Herstellung des Werkes haben wir uns zukunftsbewusst für umweltverträgliche und wiederverwertbare Materialien entschieden.

Der Inhalt ist auf elementar chlorfreiem Papier gedruckt.

ISBN 978-3-7475-0703-2

1. Auflage 2023

www.mitp.de

E-Mail: mitp-verlag@sigloch.de

Telefon: +49 7953 / 7189 - 079

Telefax: +49 7953 / 7189 - 082



Covergestaltung: Sandrina Dralle / Christian Kalkert

Satz: Petra Kleinwegen

Druck: ADverts in Riga, Lettland

Klimaneutral
Druckprodukt
ClimatePartner.com/18246-2302-1003

# Inhalt

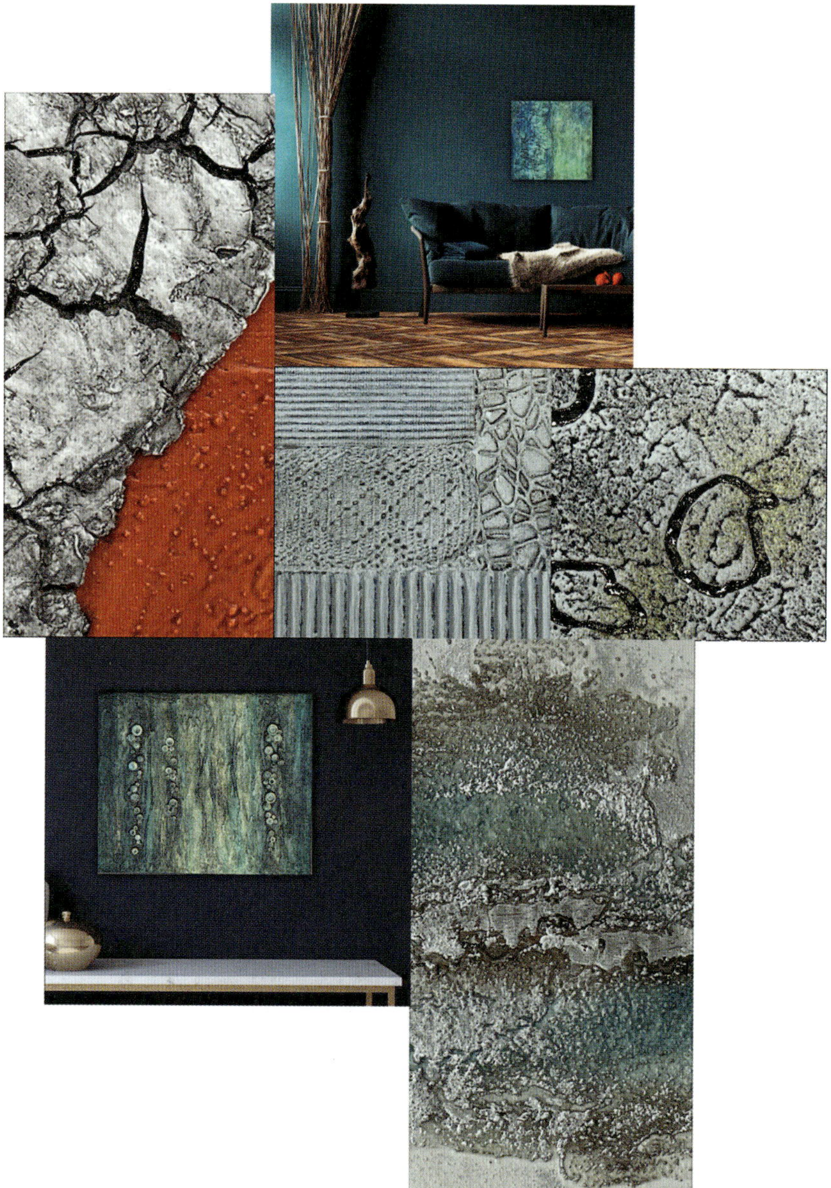

# Vorwort

Ich freue mich so sehr, dass du da bist, muss dir aber gleich etwas gestehen: Dieses Buch ist anders. Es gibt einiges, was du hier vergeblich suchen wirst, z. B.

- Ein begleitendes Vorwort. Oder ist das eins?
- Eine ausführliche Einleitung mit meinem vollständigen Lebenslauf und all den vielen Umständen und Beweggründen, die zu diesem Buch geführt haben. Das könnte interessant sein, aber in erster Linie willst du doch malen und keine Memoiren lesen, oder?
- Eine vollständige Einführung in die Farbenlehre, denn die hast du mit Sicherheit schon in einem deiner anderen Bücher zum Thema Acryl oder Mixed Media studiert
- Seitenlange Materialkunde, da sie in dieser geballten Form keinen Sinn macht.
- Danksagungen an den Lektor, die beste Freundin, Eltern und Geschwister, weil dir das beim Malen nicht hilft.

Stattdessen starte ich gleich mit dem ersten Bild. Das ist mein Naturell, das habe ich mir immer von Büchern und Seminaren gewünscht: Dass es direkt losgeht, dass wir reinspringen in das Thema, dass meine Neugierde befriedigt wird und wir mit dieser großartigen Anfangsenergie ins Tun kommen. Und das ist auch die einzige Voraussetzung, die du mitbringen solltest: Spaß am Ausprobieren und Freude am kreativen Schaffen.

Bist du mit dabei? Großartig! Ich freue mich auf unsere gemeinsame Zeit. Und ich bin sicher, dass mein Buch alles für dich bereithält, was du zum Erstellen dieser ungewöhnlichen Bilder mit den außergewöhnlichen Materialien brauchst.

Herzlichst

Deine Gudrun

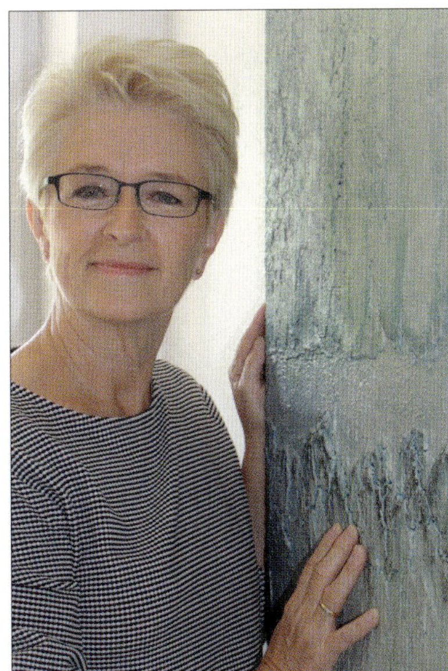

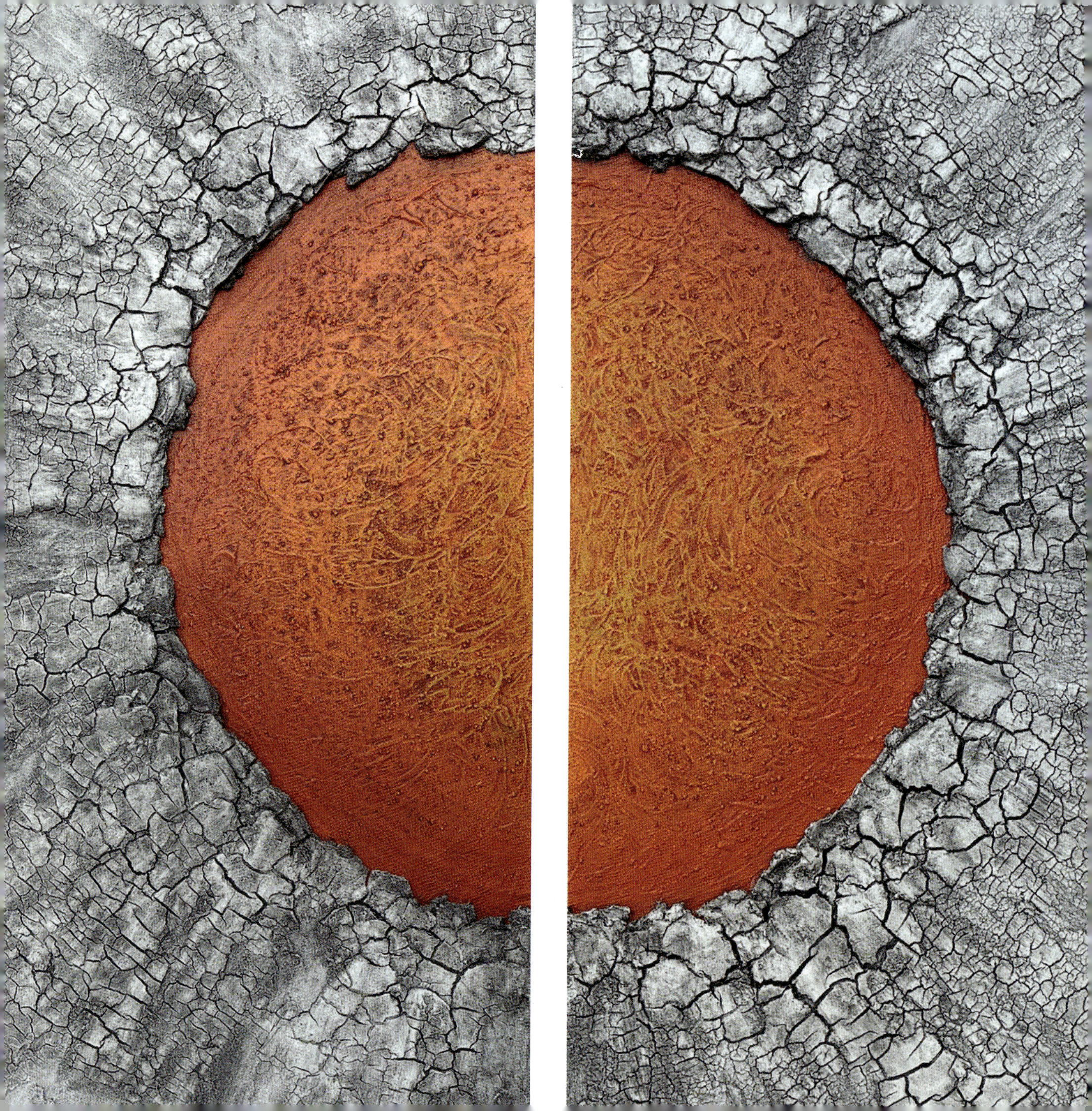

# Grenzen

## Marmormehl

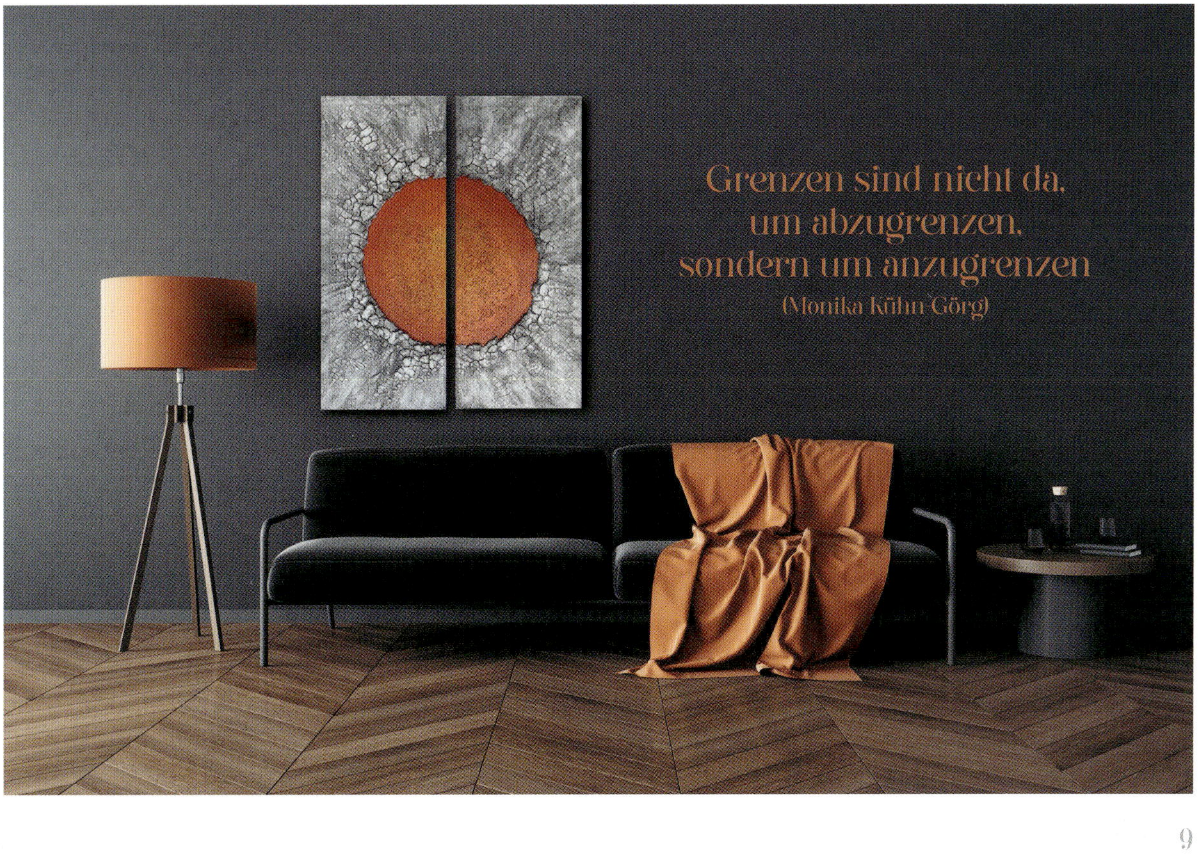

## Marmormehl

Marmormehl ist tatsächlich fein gemahlener Marmor. Die spektakulären Risse entstehen im Trocknungsprozess und sind kaum zu steuern, hier muss du dich auf das Material einlassen. Aber ich verspreche dir, du wirst belohnt.

## Materialliste

- 2 Leinwände 40 cm x 100 cm
- 200 g Marmormehl + 2 x 600 g Marmormehl
- 200 g Acrylbinder + 2 x 400 g Acrylbinder
- Acrylfarbe in Gelb, Orange, Rot, Rotbraun, Schwarz
- Acryllack seidenglänzend

## Werkzeugliste

- Zollstock
- Filzstift
- Löffel
- Küchenwaage
- Malmesser, 4 cm breit
- Borstenpinsel, 6 cm breit
- Borstenpinsel, 4 cm breit
- Borstenpinsel, 12 mm breit
- Synthetik-Pinsel, 6 cm breit
- Latexhandschuhe
- Größere Schüssel
- Kleineres Gefäß
- Gefäß mit größerer Öffnung zum Verschließen
- Sprühflasche

## Zeiten

Reine Arbeitszeit:
ca. 7 bis 8 Stunden
Dauer mit Trockenzeiten:
7 Tage

## Zum Video

Wenn du dir gerne ansehen möchtest, wie ich dieses Bild erstelle und noch genauer wissen möchtest, wie ich arbeite, dann findest du hier das Video: ***https://elopage.com/s/die-bilder-werkstatt/grenzen***.

# Jetzt geht es rund

**Schritt 1**
Du startest mit beiden Leinwänden und zeichnest mit einem Filzstift auf jede Leinwand in der Mitte einen Halbkreis von 50 cm Durchmesser = 25 cm Radius.

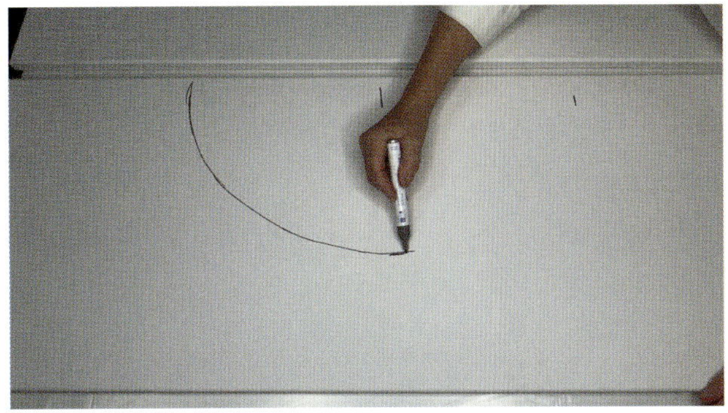

**Schritt 2**
Wenn du beide Leinwände zusammenlegst, ergeben sie zusammen einen Kreis, der sich genau in der Mitte befindet. Das ist der Bereich, in dem die erste Schicht Marmormehl aufgetragen wird, deshalb muss es nicht exakt kreisrund sein.

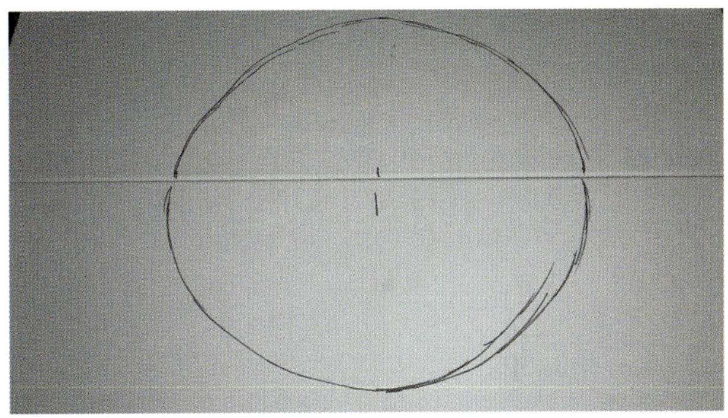

**Schritt 3**
Nun rührst du das Marmormehl für den Kreisbereich an, und zwar 200 g Marmormehl plus 200 g Acrylbinder. Wenn das gut verrührt ist, kannst du es auf die Leinwände auftragen.

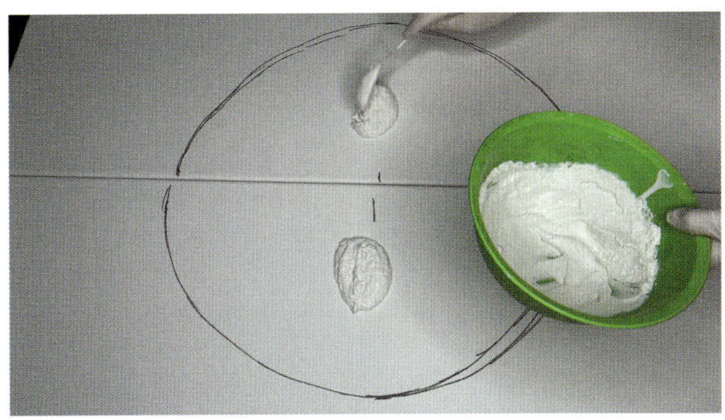

**Schritt 4**
Dazu brauchst du Latex-Handschuhe, denn du verstreichst die cremige Spachtelmasse mit den Händen in kreisenden Bewegungen auf beiden Leinwänden, so dass eine unregelmäßige Fläche entsteht. Dann bist du schon fertig.

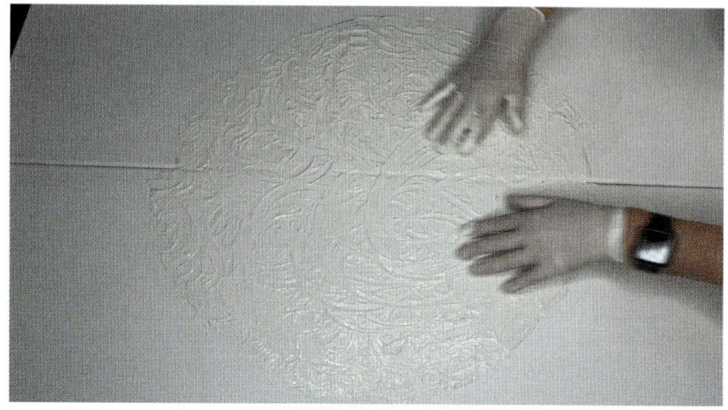

**Schritt 5**
Lege deine Leinwände an einen warmen, trockenen Platz. Diese Schicht braucht einen Tag zum Trocknen.

## Die farbige Mitte

**Schritt 6**
Nun gestaltest du die Mittelfläche farbig. Das geschieht in drei Schritten. Der erste Farbauftrag besteht aus leuchtend-gelber Acrylfarbe und du trägst die Farbe unverdünnt auf.

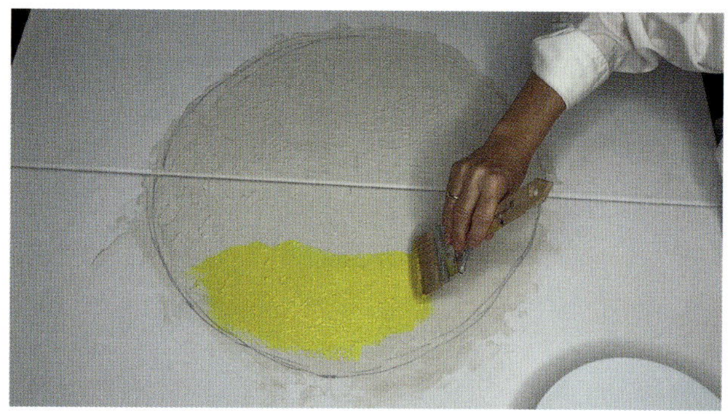

### Tipp

Denke hierbei auch an die Ränder, deine Leinwände werden an der Wand etwas Abstand zueinander haben und das gibt den Blick auf den Rand frei.

**Schritt 7**
Diese Schicht muss durchtrocknen, dann kannst du weitermachen. Du beginnst mit Acrylfarbe in Orange in unverdünnter Form am Rand. Zur Mitte hin wird deine Farbe leicht verdünnt, so dass sie lasierend (= durchsichtig) auf dem gelben Untergrund liegt.

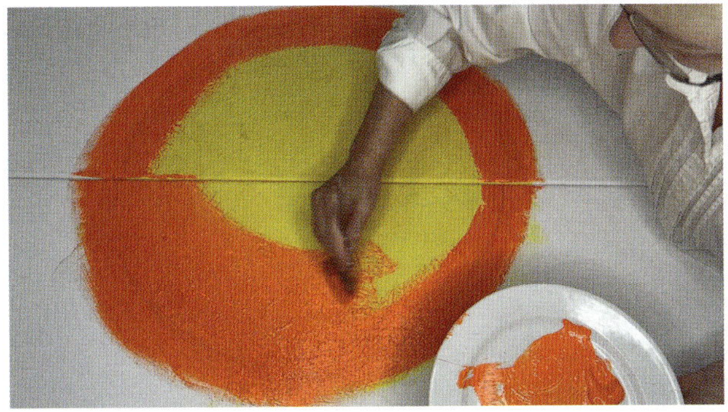

**Schritt 8**
Anschließend verdünnst du die Farbe in der Mitte noch ein bisschen mehr, indem du etwas Wasser aufsprühst. Dadurch schimmert das Gelb leicht durch.

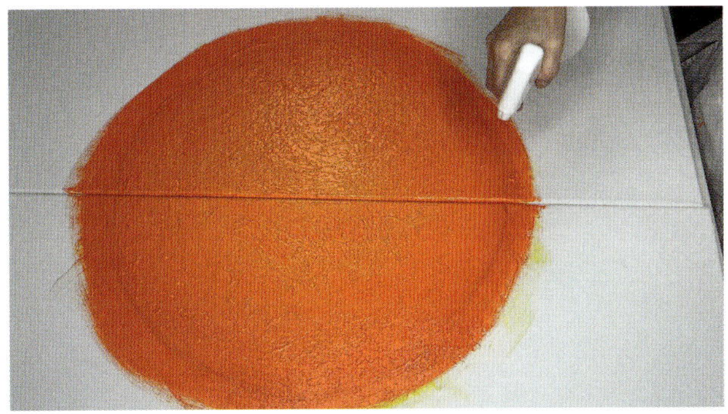

**Schritt 9**
Mit der dritten Farbschicht kannst du erst weitermachen, wenn alles gut durchgetrocknet ist. Jetzt brauchst du ein dunkles Rot, ich mische dafür ein strahlendes Rot mit etwas Braun. Diese Farbe wird nun flüssig vom Rand aus aufgetragen. Zusätzlich sprühst du noch Wasser auf, so dass in der Mitte die vorherigen Farben durchschimmern.

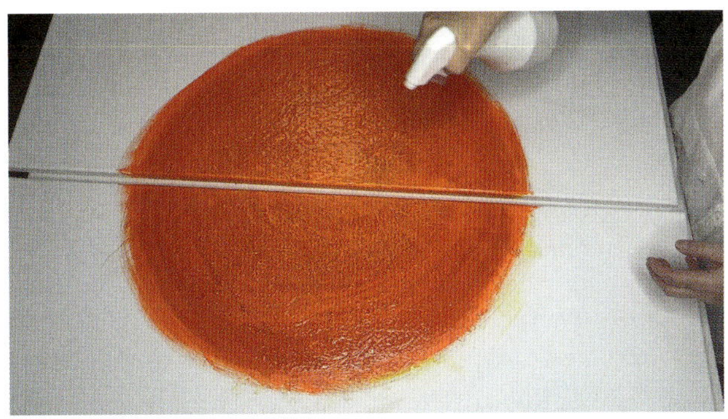

Damit ist der Farbauftrag in der Mitte beendet. Lass dein Werk gut trocknen.

# Marmormehl-Berge entstehen

## Gut zu wissen

Auch wenn es anstrengend wird: Du solltest beide Leinwände direkt nacheinander anfertigen. Nur so ist gewährleistet, dass beide Teile des Werkes bei gleichen Bedingungen entstehen und trocknen, sonst variieren z.B. die Temperatur und Luftfeuchtigkeit oder auch dein eigenes Temperament und deine Stimmung beim Spachteln.

Für eine Leinwand brauchst du 600 g Marmormehl und 400 g Acrylbinder. Gib zunächst nur ungefähr die Hälfte des Binders zum Marmormehl und verrühre diesen ersten Teil. Erst dann fügst du den restlichen Binder hinzu.

**Schritt 10**
Zunächst trägst du die fertige Spachtelmasse sehr dick nur direkt am orangefarbenen Rand auf. Der Bereich bis zum Rand der Leinwand wird erst im Anschluss gefüllt.

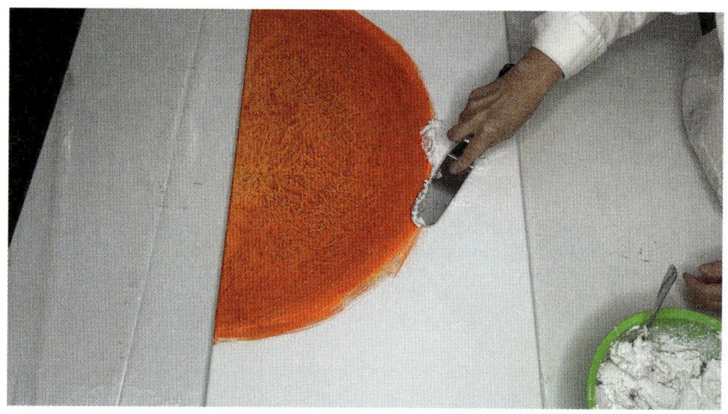

## Gut zu wissen

Bei solch großen Mengen an Spachtelmasse solltest du zunächst immer nur einen Teil des Acrylbinders zum Marmormehl hinzugeben, sonst wird es sehr schwer, die verschiedenen Materialien gut zu verrühren. Einige Malerkolleg:innen nutzen auch einen Rührmixer, ich bevorzuge einen einfachen Löffel, weil ich damit besser die Konsistenz des Materials spüren kann und der Löffel später leichter zu reinigen ist.

**Schritt 11**
Dieser Bereich bis zum Leinwandrand wird wesentlich dünner gespachtelt, aber auch ein bisschen unregelmäßig, da kannst du gern zum Abschluss übrig gebliebenes Marmormehl verteilen.

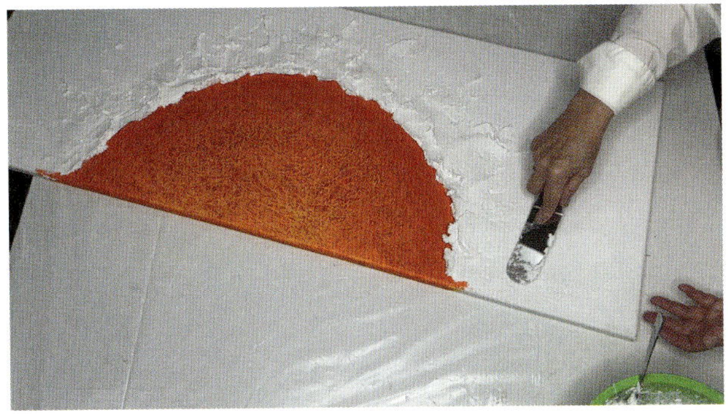

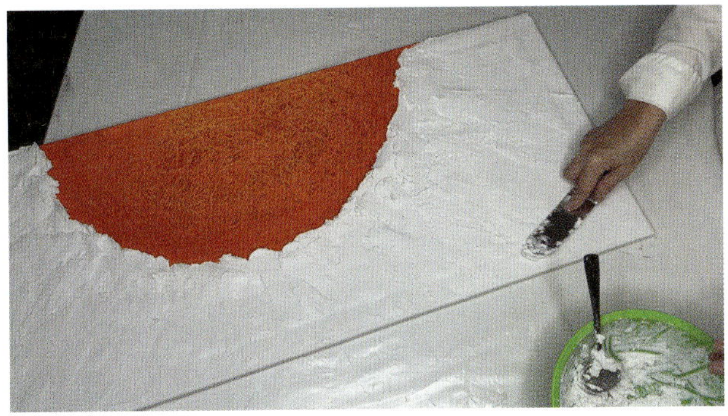

**Schritt 12**
Danach legst du die andere Leinwand neben deine fertig gespachtelte Arbeit und überträgst ein paar Zentimeter an Marmormehl auf die freie Leinwand, um genau den Anschluss abzumessen. Anschließend bearbeitest du die zweite Leinwand analog zur ersten.

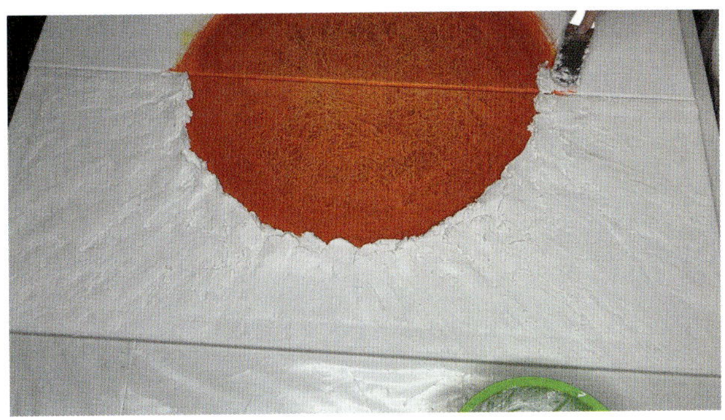

Diese starken Marmormehl-Strukturen müssen mindestens 3 Tage trocknen. Stelle sie an einen warmen Ort und sorge für eine gute Belüftung unterhalb der Leinwand, indem du den Rahmen auf einem Buch o.ä. ablegst.

# Abrakadabra: Da sind die Strukturen

Mit dem nächsten Farbauftrag machst du jetzt die Strukturen sichtbar. Auch hier werden beide Leinwände am besten direkt nacheinander bearbeitet. Aus diesem Grund mischst du jetzt eine größere Menge an flüssiger Farbe an.

**Schritt 13**
Nimm dazu ein Glas mit weiter Öffnung, gib schwarze Acrylfarbe hinein und füge Wasser hinzu. Rühre beides gut um, es muss eine flüssige, schwarze Farbe entstehen ohne Klümpchen.

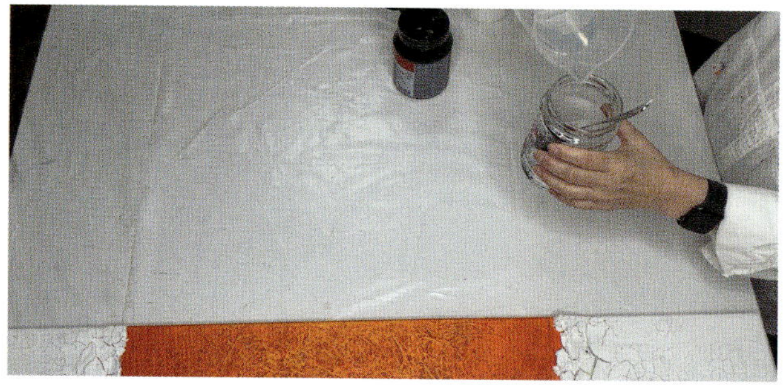

**Schritt 14**
Nun sprühst du den weißen Marmormehl-Bereich mit Wasser ein und …

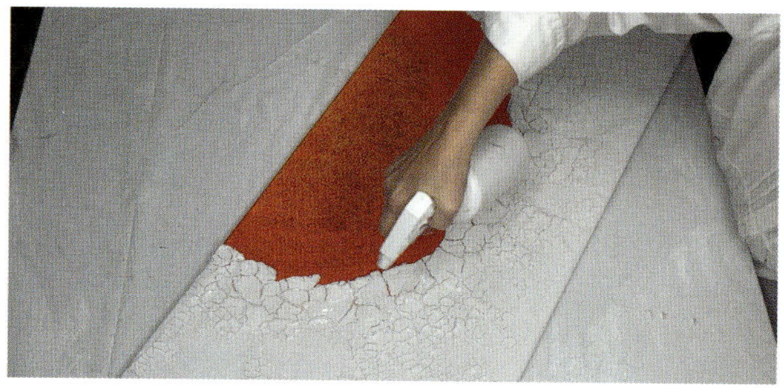

**Schritt 15**
… trägst anschließend die Farbe mit einem größeren Flachpinsel sehr satt auf.

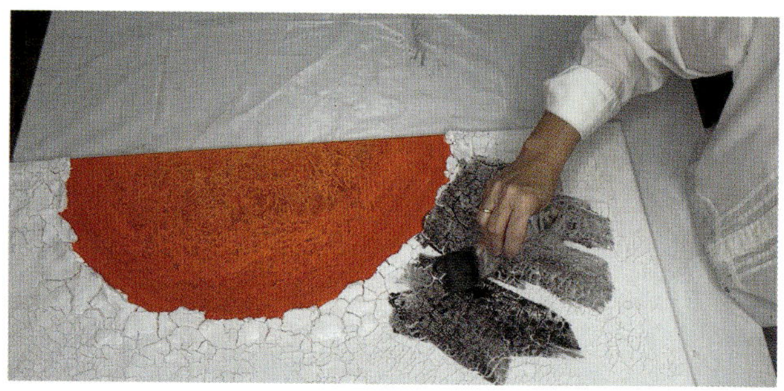

## Gut zu wissen

In diesem Arbeitsgang ist es wichtig, dass die Farbe in alle Risse dringt.

**Schritt 16**
Das erreichst du, indem du immer wieder mit der Sprühflasche etwas Wasser auf die Farbe gibst, dadurch fließt sie leichten in die Vertiefungen.

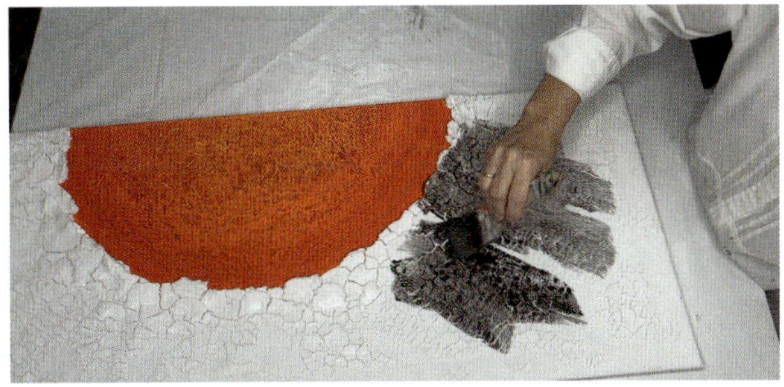

**Schritt 17**
Allerdings solltest du Wasserpfützen mit einem Küchenkrepp abtupfen, sonst verliert die Farbe ihre Kraft. Auf diese Weise erzielst du unterschiedliche Grautöne, die sehr reizvoll in deinem Bild sind.

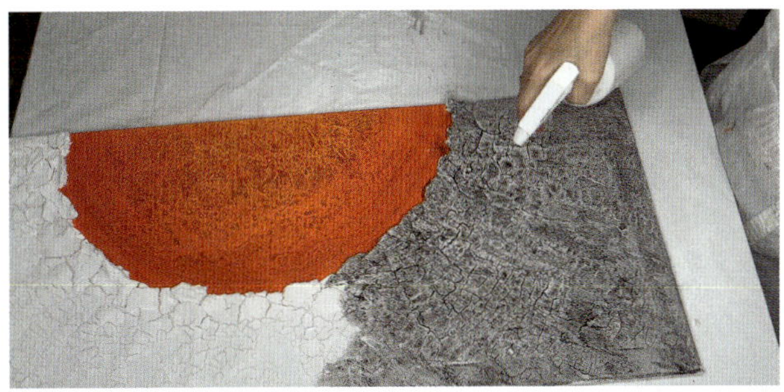

**Schritt 18**
Zum Schluss widmest du dich dem direkten Rand zu der orangefarbenen Mitte: Hier kannst du mit dem kleinen Borstenpinsel die letzten weißen Stellen einfärben. Auch hier hilft dir die Sprühflasche, dass die Farbe in alle Ritzen dringt. Allerdings solltest du die orangefarbene Fläche sauber halten.

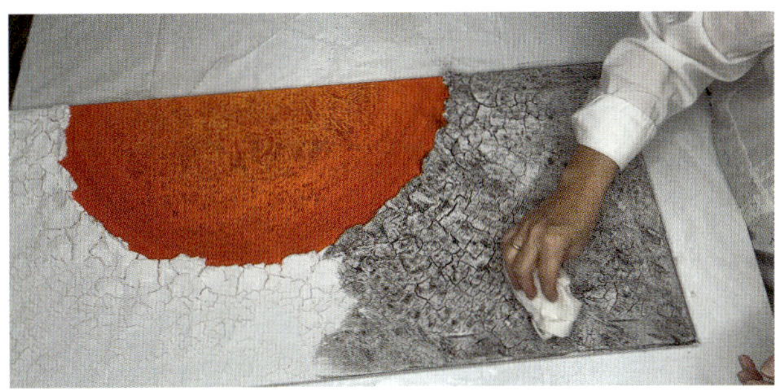

### Tipp

In diesem Arbeitsschritt musst du auch wieder deine Ränder mit Farbe einstreichen.

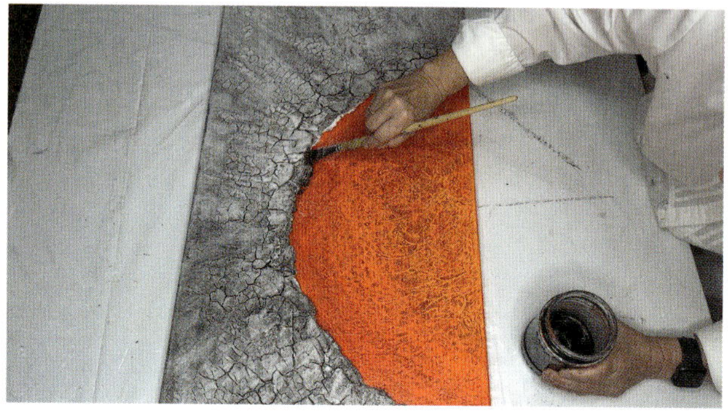

## Für immer

Nach dem Trocknen der wässrigen Schicht empfehle ich dir, deine Bilder mit einer Lackschicht zu versehen. So kannst du dein Werk später auch mal mit einem feuchten Lappen abwischen, was gerade bei diesen starken Strukturen hilfreich sein kann.

### Gut zu wissen

Lack bedeutet nicht automatisch glänzend. Du bekommst Acryllack in drei Ausführungen: matt, seidenglänzend und glänzend. Außerdem gibt es den Lack auch noch mit UV-Schutz, so dass deine Bilder vor dem Ausbleichen durch Sonneneinstrahlung geschützt sind.

**Schritt 19**
Fülle dir seidenglänzenden Acryllack in ein Gefäß und verdünne ihn etwas mit Wasser, das geht gut mit der Sprühflasche. Dieses Verdünnen ist nötig, damit dein Lack auch in alle Ritzen dringen kann. Außerdem wird er dadurch ergiebiger.

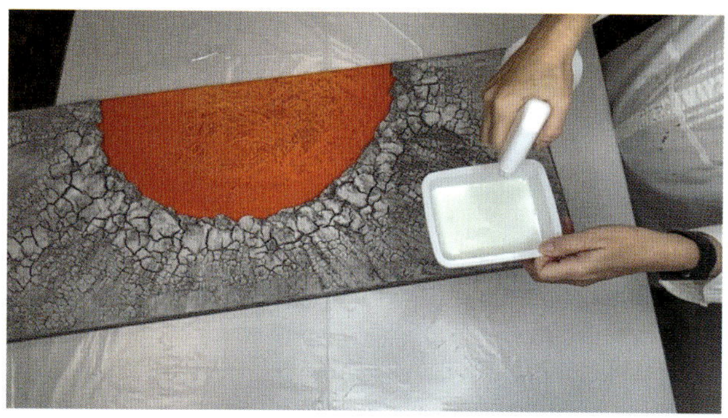

**Schritt 20**
Dann streichst du zunächst die Strukturfläche komplett mit Lack ein. Sorge dafür, dass du alle Vertiefungen mit Lack erreichst. Das darf zu dem jetzigen Zeitpunkt auch etwas „zu viel" an Lack sein.

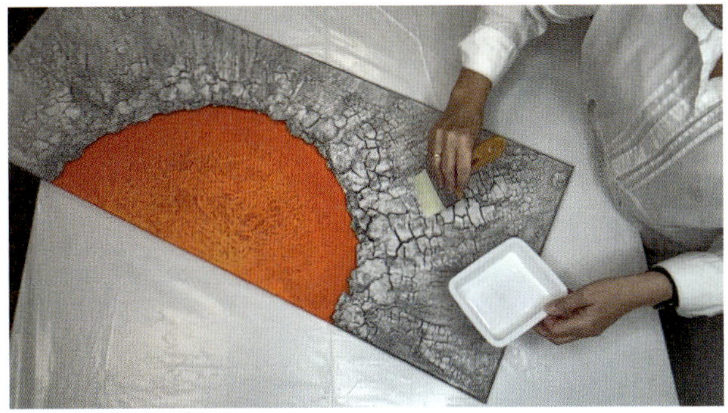

**Schritt 21**
Nach der Strukturfläche wird die Mitte lackiert.

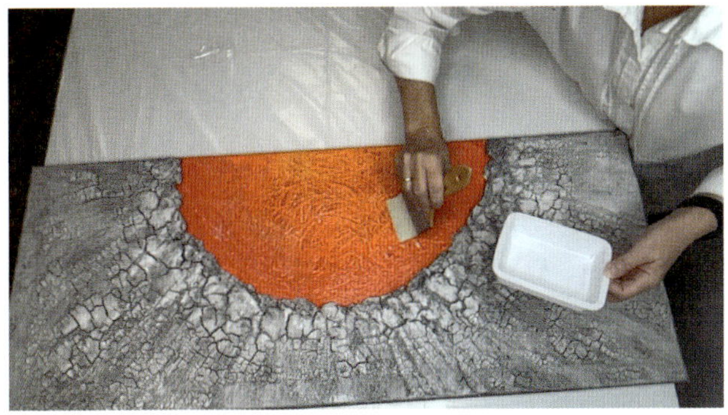

**Schritt 22**
Danach kannst du mit Hilfe eines Borstenpinsels den Überschuss, der jetzt noch milchig aussieht, aus den Vertiefungen entfernen: einfach den Pinsel ein bisschen in die Ritzen einführen und ihn dann in einem Küchenkrepp abputzen. Und vergiss nicht, deine Ränder zu lackieren.

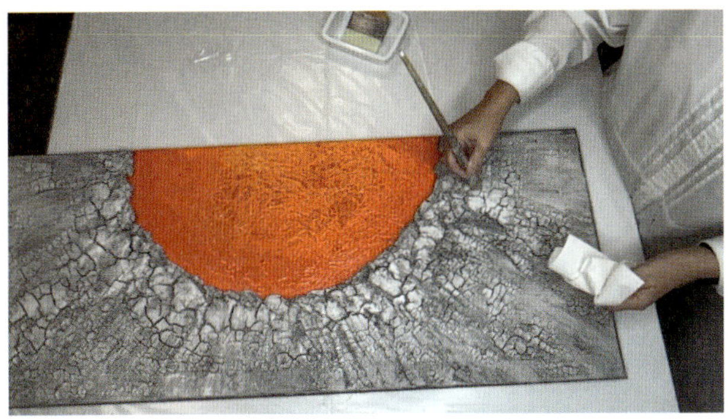

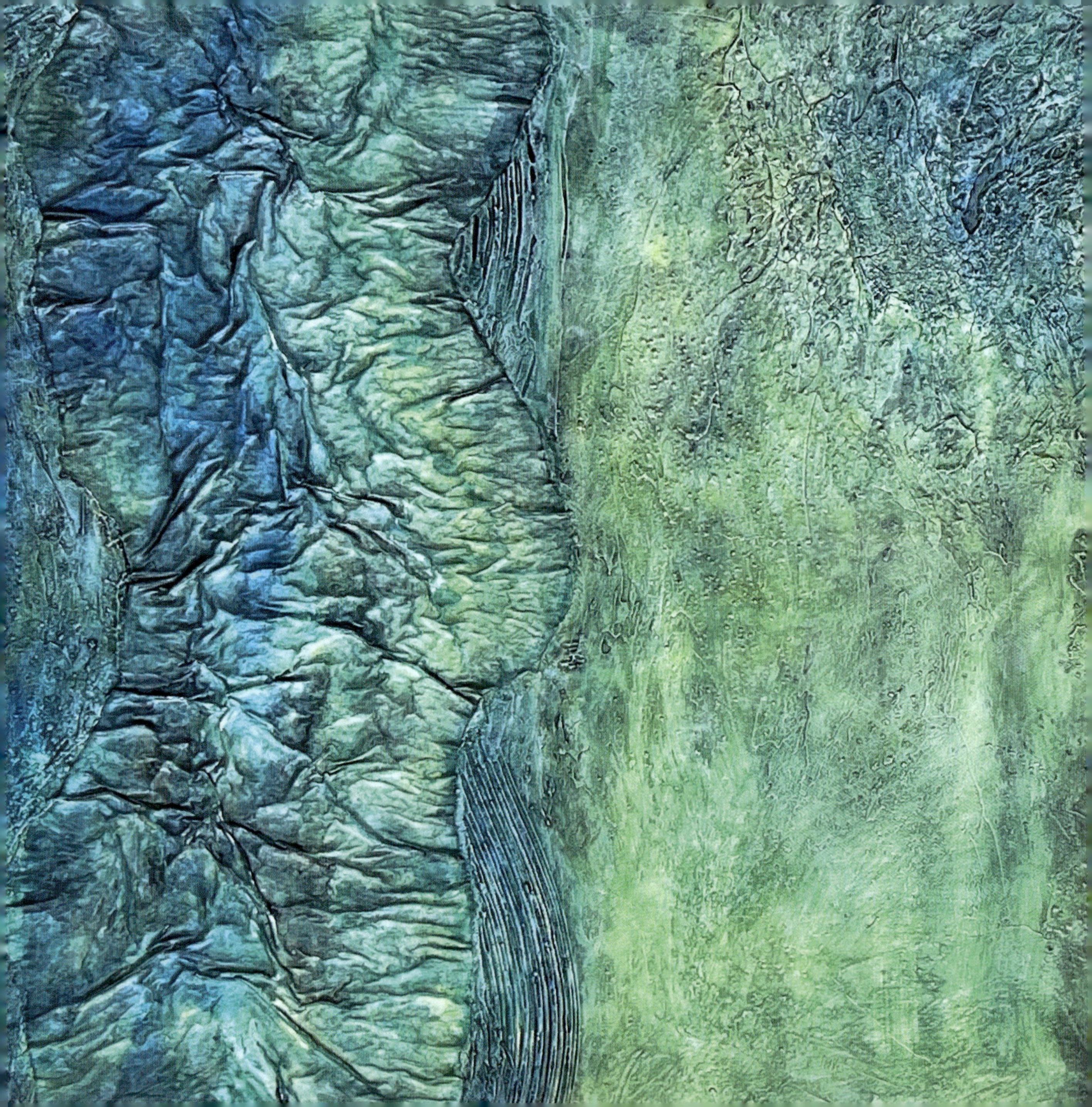

# Wasser

## Marmormehl und Transparentpapier

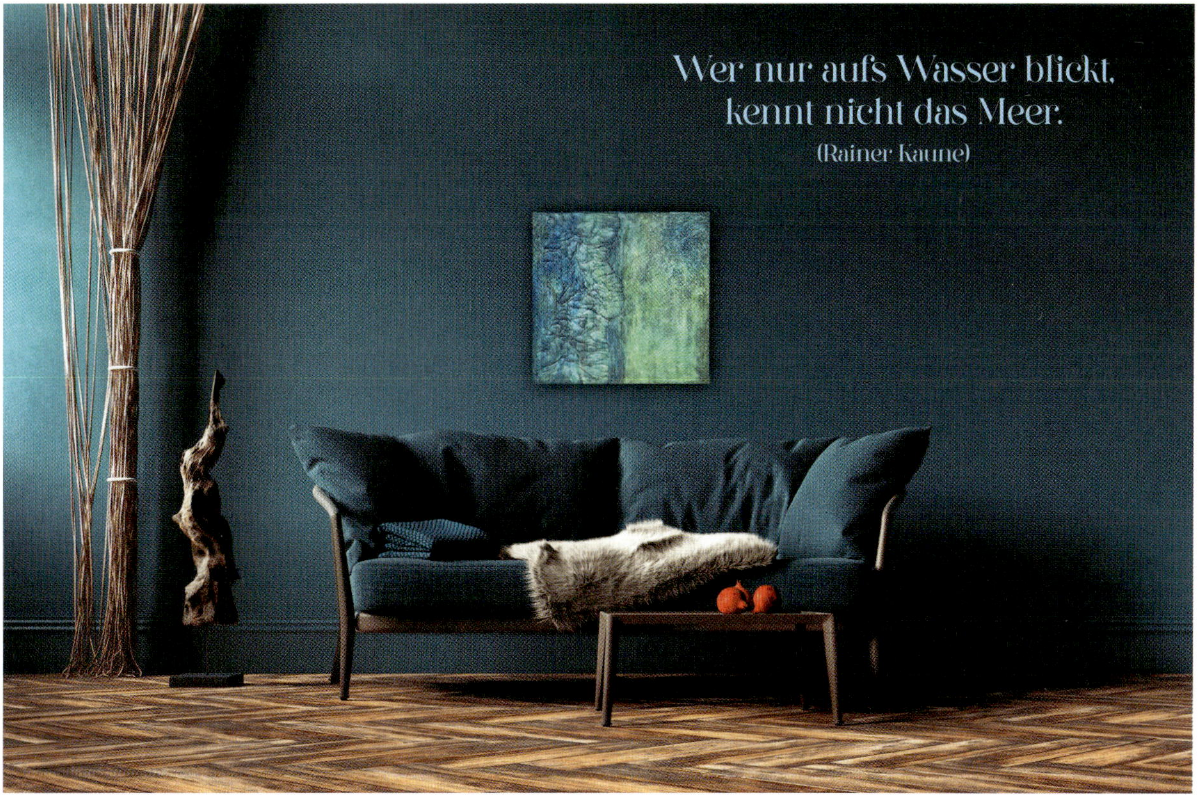

## Marmormehl und Transparentpapier

In diesem Bild ist das Marmormehl nicht nur ein strukturgebendes Material, sondern auch gleichzeitig der Klebstoff für das Transparentpapier, das mit ganz eigener Struktur auf sich aufmerksam macht.

### Materialliste

- 1 Leinwand 50 cm x 50 cm
- Transparentpapier
- 250 g Marmormehl
- 170 g Acrylbinder
- Acrylfarbe in Farn, Phthaloblau, Ultramarinblau, Schwarz
- Pigment Indigo (oder entsprechend dunkelblaue Acrylfarbe)
- Acryldispersion
- Acryllack glänzend

### Werkzeugliste

- Löffel
- Küchenwaage
- Schüssel
- Malmesser
- Zackenspachtel
- Cutter-Messer
- Sprühflasche
- Borstenpinsel, 12 mm breit
- Palettmesser
- Synthetik-Pinsel, 6 cm breit

### Zeit

Reine Arbeitszeit:
3 bis 4 Stunden,
Dauer mit Trockenzeiten:
ca. 4 Tage

### Zum Video

Wenn du dir gerne ansehen möchtest, wie ich dieses Bild erstelle und noch genauer wissen möchtest, wie ich arbeite, dann findest du hier das Video: ***https://elopage.com/s/die-bilder-werkstatt/wasser***.

# Die Zerreiß-Probe

**Schritt 1**

Bevor du mit dem Spachteln starten kannst, muss du das Transparentpapier vorbereiten. Schneide von der 70 x 100 cm Rolle einen ca. 35 cm breiten Streifen ab. Um besser mit den Proportionen zurechtzukommen kannst du ihn auf den linken Teil der Leinwand legen, denn dort wird es später auch aufgeklebt. Dann reißt du von diesem Streifen rechts und links unregelmäßige Stücke ab, so dass ein schöner Zackenrand entsteht. Den oberen und unteren Rand lässt du unbearbeitet, der wird später einfach abgeschnitten.

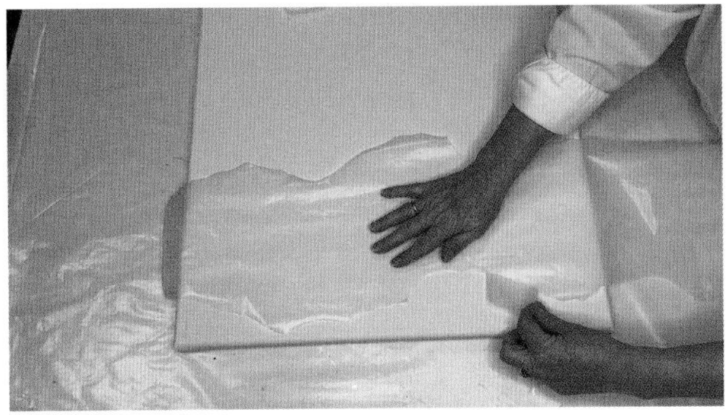

# Spachteln und Kleben

**Schritt 2**

Dann rührst du 250 g Marmormehl mit 170 g Binder an. Mit dieser Masse legst du zuerst eine gleichmäßige Schicht auf die ganze Leinwand. Direkt auf diese erste dünnere Schicht spachtelst du jetzt auf der linken Seite der Leinwand eine dickere Lage, dort wird das Transparentpaper aufgeklebt.

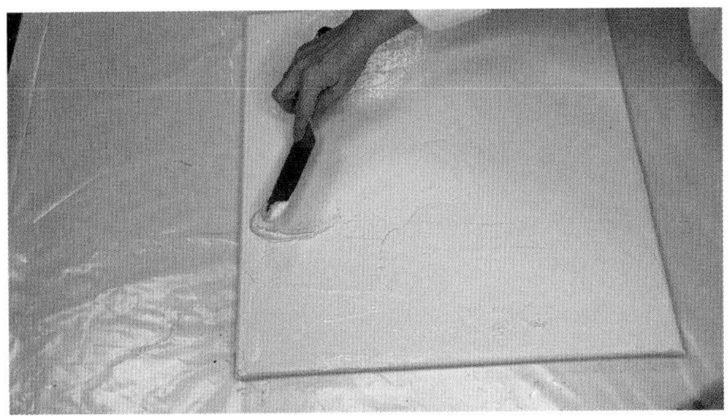

**Schritt 3**
Wenn diese dickere Schicht gespachtelt ist, ziehst du am rechten Rand dieser Schicht (das ist jetzt ungefähr die Mitte des Keilrahmens) mit dem Zackenspachtel eine wellenförmige Spur.

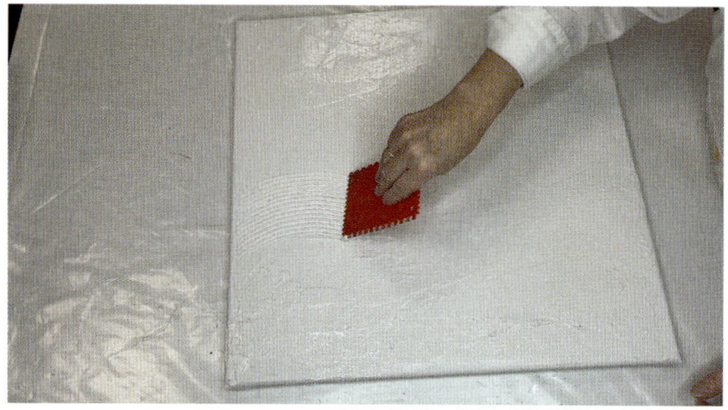

**Schritt 4**
Damit diese Linien nicht zu ordentlich aussehen, gehst du leicht mit dem Malmesser über diesen Bereich und verspachtelst diese exakten Rillen.

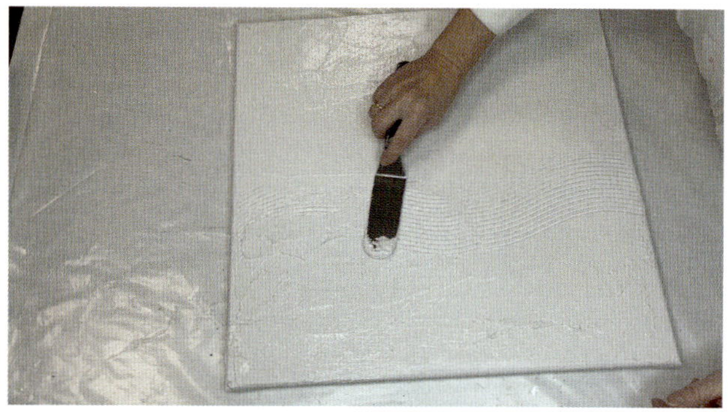

**Schritt 5**
Danach legst du, zunächst nur leicht, das Transparentpapier auf die dickere Schicht. Achte darauf, dass die vorher gezogen Streifen an einigen Stellen sichtbar sind. Dann drückst du das Transparentpapier an.

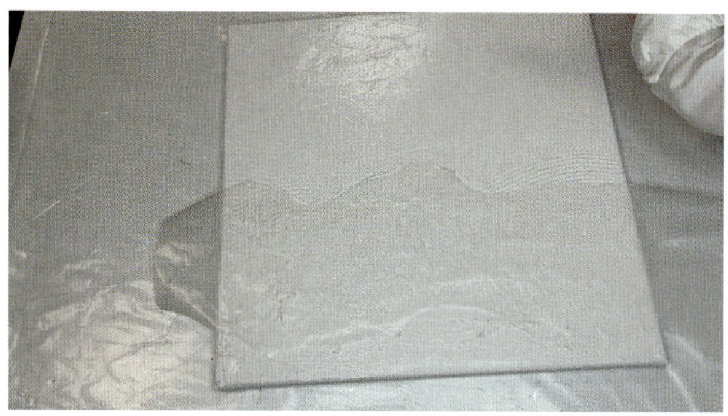

**Schritt 6**
Wenn nun das Transparentpapier Kontakt zu dem Marmormehl hat, legst du deine Hände flach auf das Papier und schiebst es an dieser Stelle vorsichtig zusammen, bist die Wellen entstehen. Das wiederholst du jetzt, bist du eine schöne unregelmäßige Struktur hast.

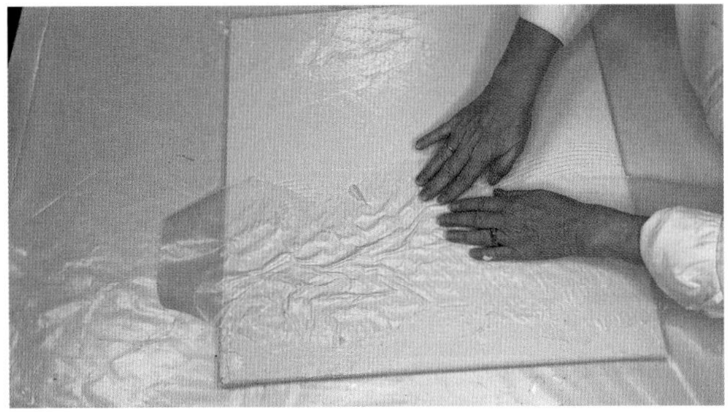

## Gut zu wissen

Wahrscheinlich bilden sich Luftblasen unter dem Transparentpapier. Versuche sie entweder vorsichtig zum Rand wegzudrücken oder stich mit einer Nadel in die Blase und drücke die Luft heraus, so dass auch an dieser Stelle das Transparentpapier auf dem Marmormehl klebt.

**Schritt 7**
Falls du noch etwas Marmormehl übrig hast, kannst du noch einige Bereiche außerhalb des Transparentpapiers betonen, beispielsweise die obere rechte Ecke. Und so könnte es dann am Ende bei dir aussehen.

Jetzt lässt du die Leinwand mindestens zwei Tage an einem warmen Ort trocknen.

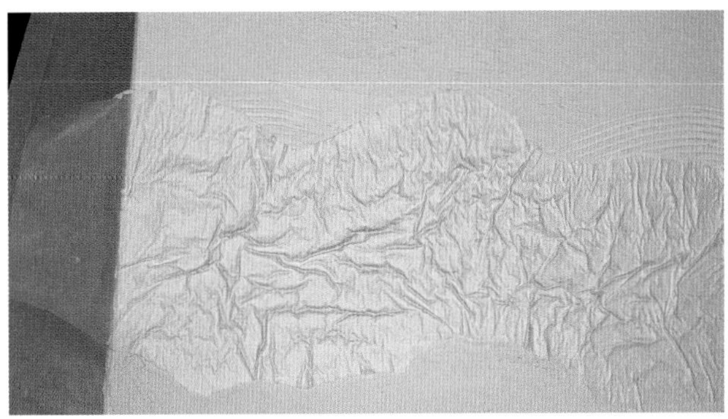

# Lass das Wasser hinein

**Schritt 8**
Nach dem Trocknen kannst du die überstehenden Transparentpapier-Ränder ganz einfach mit einem Cutter-Messer abschneiden.

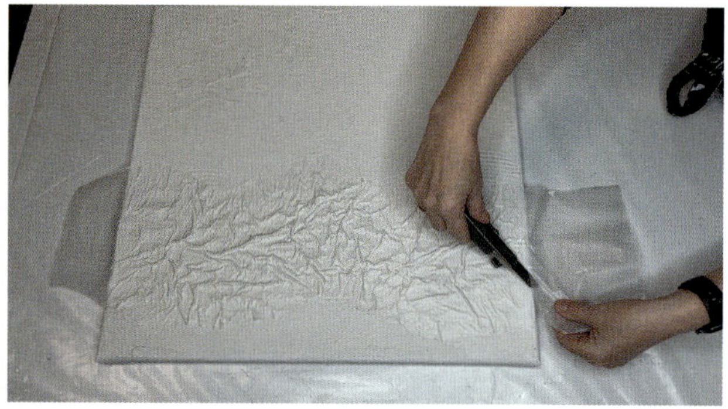

**Schritt 9**
Jetzt stellst du die Farben bereit. Für das Farn-Gelbgrün nimmst du einen eigenen Teller, ebenso für das Phthaloblau. Ultramarin und eine kleine Menge Schwarz können gemeinsam auf einen Teller. Verdünne zunächst das Gelbgrün zu einer wässrigen Farbe und setzte einen Hauch von Schwarz hinzu, um die Farbe ein bisschen zu dämpfen.

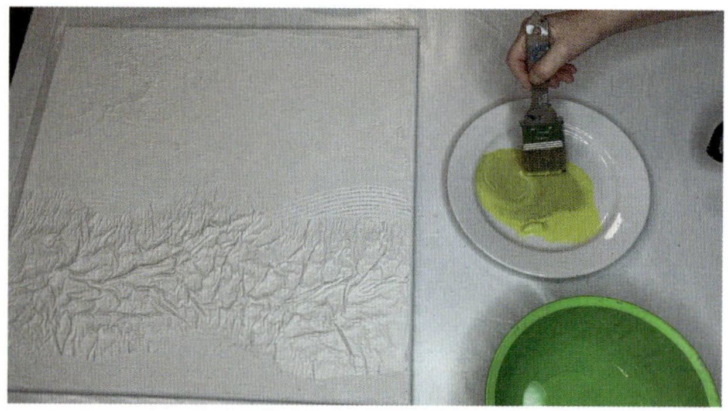

**Schritt 10**
Sprüh nun einmal die komplette Leinwand ein und starte dann mit dieser flüssigen Mischung über die gesamte Leinwand und beziehe auch die Ränder mit ein.

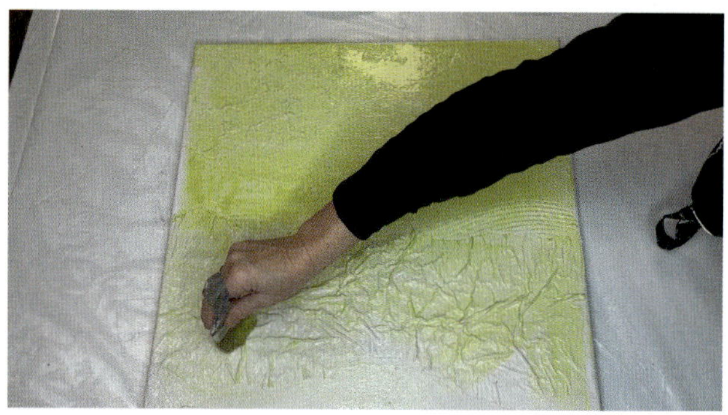

**Schritt 11**
In diese feuchte Farbschicht setzt du jetzt das Phthaloblau, ebenfalls verdünnt, an einigen Stellen ein, vor allem dort, wo das Marmormehl stark gerissen ist, und über dem Transparentpapier.

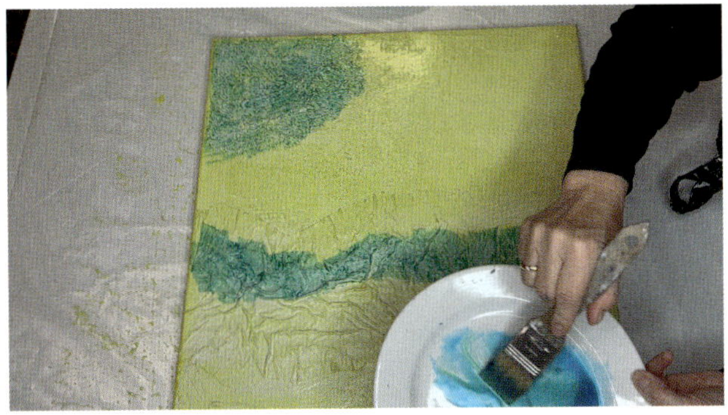

**Schritt 12**
Und es geht direkt weiter mit dem verdünnten Ultramarin.

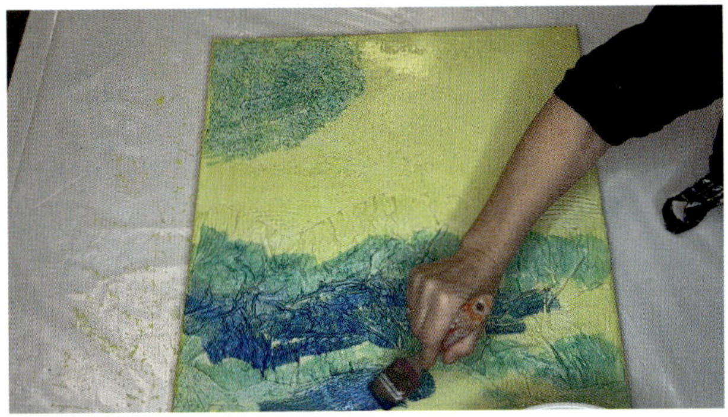

**Schritt 13**
Mit den Farbresten von Ultramarin im Pinsel gehst du dann auch über die gelbgrüne Fläche, um sie farblich mit einzubeziehen.

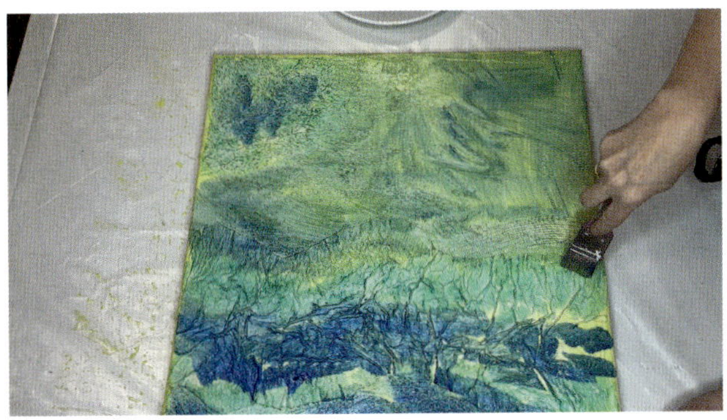

**Schritt 14**
Sprüh dein Bild mit Wasser ein und verbinde dann mit einem Pinsel die einzelnen Farben.

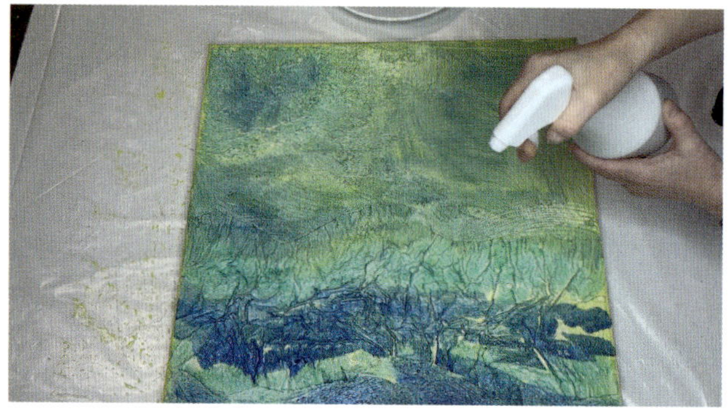

**Schritt 15**
Zum Abschluss dieses Schrittes streichst du auch die Ränder in einem blaugrünen Farbton. Dann muss dein Werk für einen Tag trocknen.

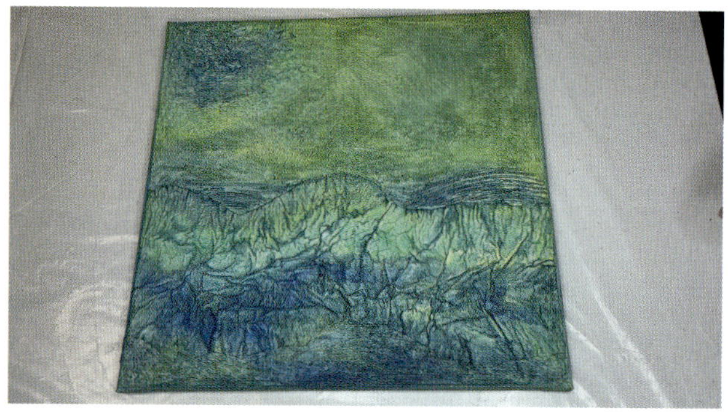

# Stille Wasser sind tief

Um dem Bild noch mehr Tiefe zu geben, brauchst du ein flüssiges Dunkelblau.

## Gut zu wissen

Auch wenn du vielleicht eher nicht mit Pigmenten arbeiten willst, lege ich dir dieses Pigment jedoch ans Herz: Indigo synthetisch. Es ist sehr farbintensiv und es bringt auch im stark verdünnten Zustand ein tiefes Blau in die Strukturen, wodurch der dreidimensionale Charakter dieser Bildteile gut zur Geltung kommt. In meinem Atelier ist es nicht wegzudenken. Falls du jetzt kein Pigment zur Hand hast, nimmst du stattdessen ein stark verdünntest Blau, dem du etwas Schwarz hinzufügst.

**Schritt 16**
Gib etwas Pigment auf einen Teller, setze etwas Wasser hinzu und verrühre beides zu einer einheitlichen Flüssigkeit.

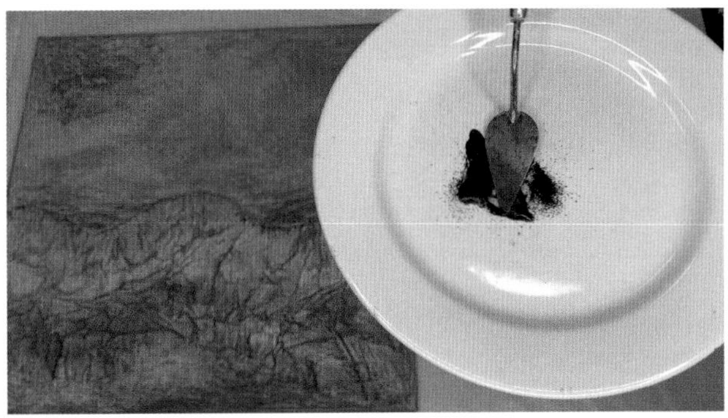

**Schritt 17**
Dann gibst du in etwa die gleiche Menge Acryldispersion hinzu und verrührst auch das gut.

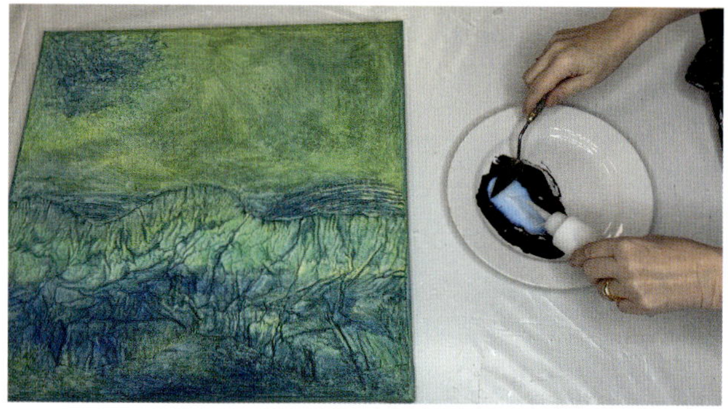

**Schritt 18**
Nimm ein bisschen von dieser fertigen Farbe auf einen zweiten Teller und füge dann Wasser hinzu. Sprüh die Leinwand ein und starte dann mit der verdünnten Farbe über die ganze Fläche.

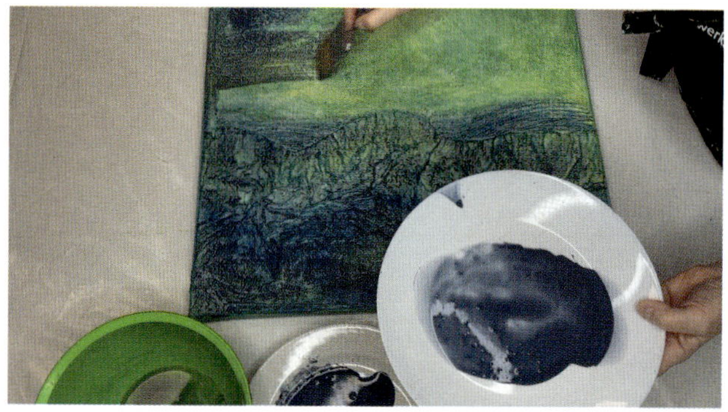

**Schritt 19**
Mit einem Küchenkrepp nimmst du anschließend die Farbe weg, die dir zu viel erscheint.

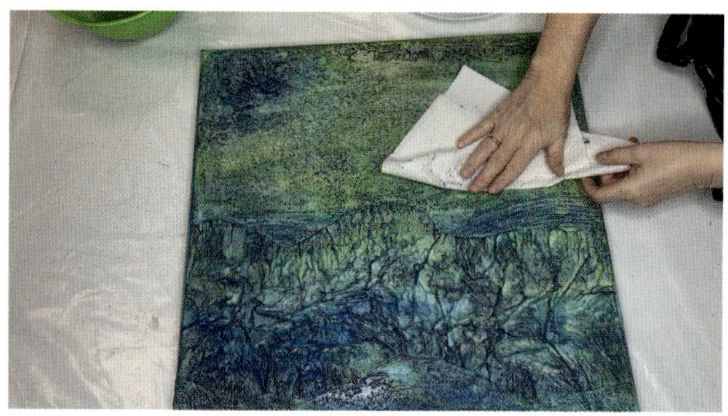

**Schritt 20**
Schau dir dein Werk an: Vielleicht braucht es jetzt doch an einigen Stellen noch etwas mehr von diesem dunklen Blau. Das kannst du dann mit einem Haarpinsel und der unverdünnten Farbe vom ersten Teller gezielt auftragen.

Und, du ahnst es schon: denk an die Ränder! Einen Tag später kannst du weitermachen.

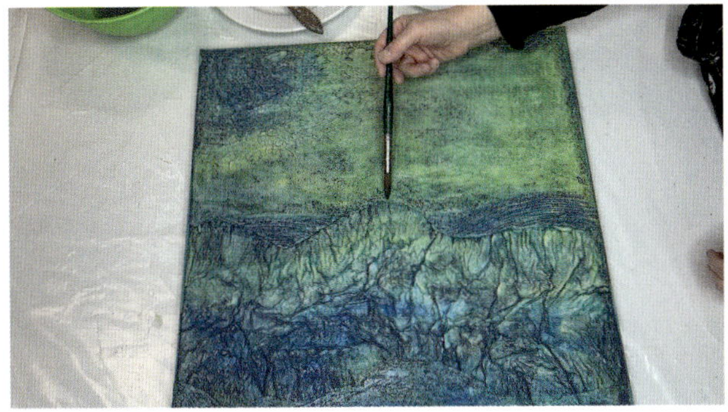

# Die glitzernde Wasseroberfläche

**Schritt 21**
Zum Abschluss wird es ganz einfach: Mit einem breiten Synthetik-Pinsel überziehst du dein gesamtes Bild wie auch die Ränder mit glänzendem Acryllack. Du kannst den Lack ein wenig verdünnen. Trage ihn satt auf und nimm anschließend den Überschuss mit dem Pinsel ab.

Der Lack ist nach ein bis zwei Stunden trocken.

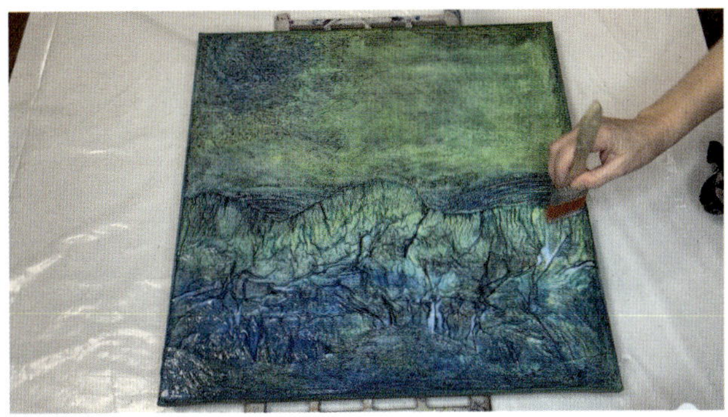

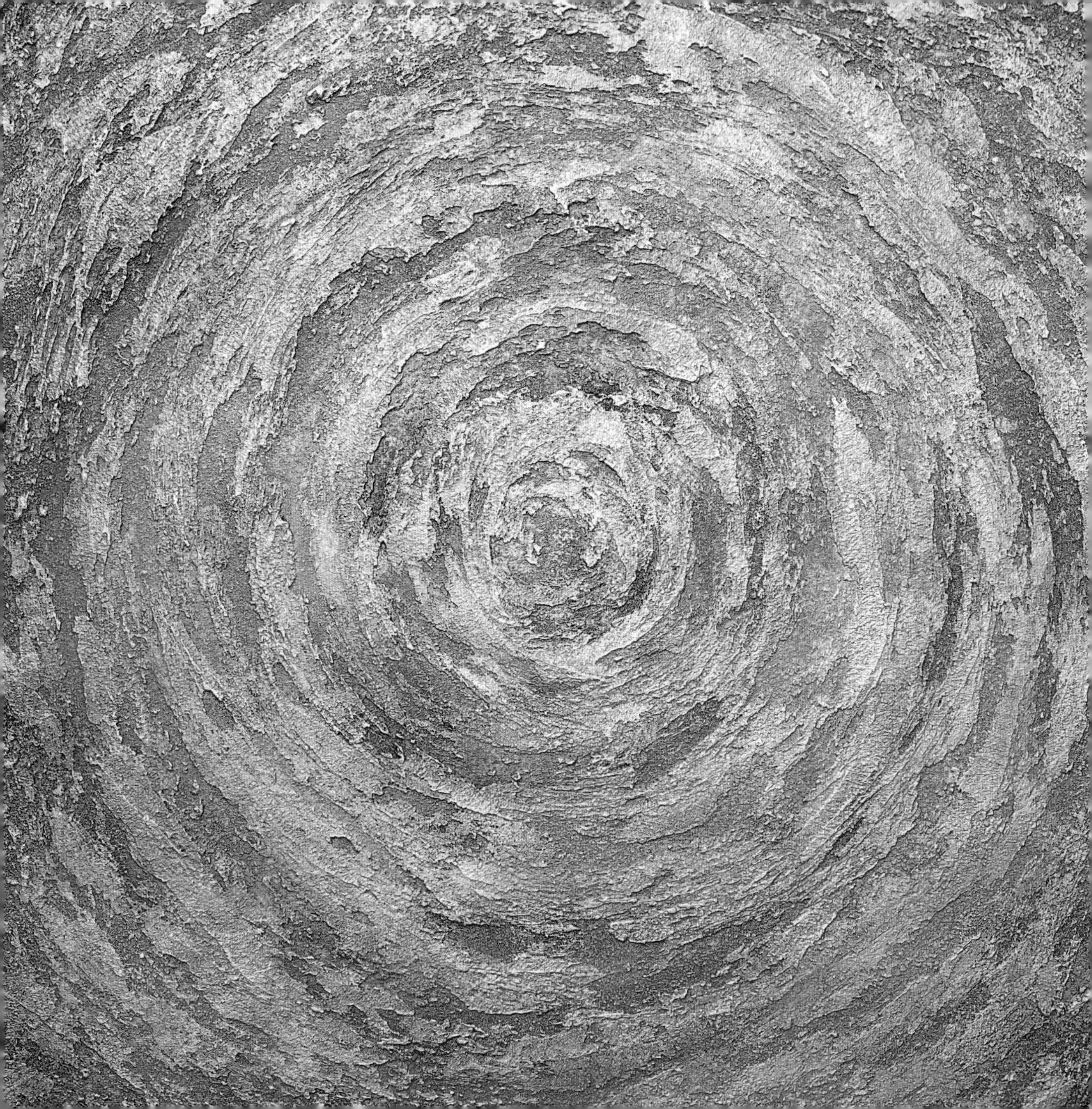

# Silbermond

## Fertigputz

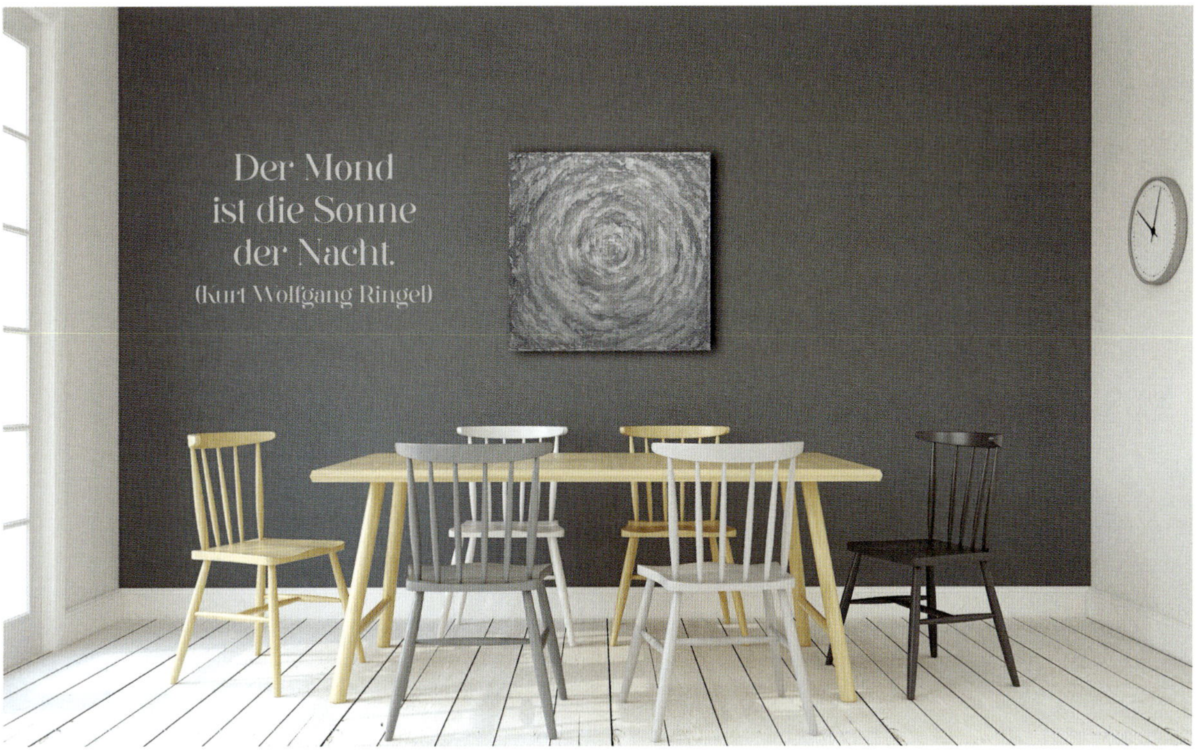

# Fertigputz

Fertigputz ist Massenware aus dem Baumarkt, sehr grob und roh. Und genau darin liegt sein Reiz. Außerdem bestimmst du bei diesem Material, welche Strukturen es auf der Leinwand hinterlässt.

## Materialliste

- 1 Leinwand 80 cm x 80 cm
- Quarzsand
- Acryldispersion
- 400 g Fertigputz
- 120 g Acrylbinder
- Acrylfarbe in Weiß und Schwarz
- Acrylfarbe in Silber
- Acryllack glänzend

## Werkzeugliste

- Japanspachtel, etwas breiter
- Löffel
- Küchenwaage
- Schüssel
- Malmesser, 4 cm breit
- Schleifpapier
- Sprühflasche
- Kleine und große Lackrolle
- Borstenpinsel, 6 cm breit
- Haar-Pinsel
- Synthetik-Pinsel, 6 cm breit

## Zeit

Reine Arbeitszeit:
ca. 5 Stunden,
Dauer mit Trockenzeiten:
ca. 6 Tage

## Zum Video

Wenn du dir gerne ansehen möchtest, wie ich dieses Bild erstelle und noch genauer wissen möchtest, wie ich arbeite, dann findest du hier das Video: ***https://elopage.com/s/die-bilder-werkstatt/silbermond***.

# Bevor es richtig losgeht ...

## Gut zu wissen

Fertigputz braucht einen Untergrund, an dem er sich festhalten kann. Bei einer glatten Leinwand ist das kaum möglich. Deshalb installierst du zunächst eine Sandschicht auf der Leinwand. Das ist einfach und eine sehr meditative Arbeit.

Damit der Sand auf der Leinwand gut klebt, brauchst du eine entsprechende Flüssigkeit: Mische Acrylemulsion oder -dispersion im Verhältnis 1 : 1 mit Wasser.

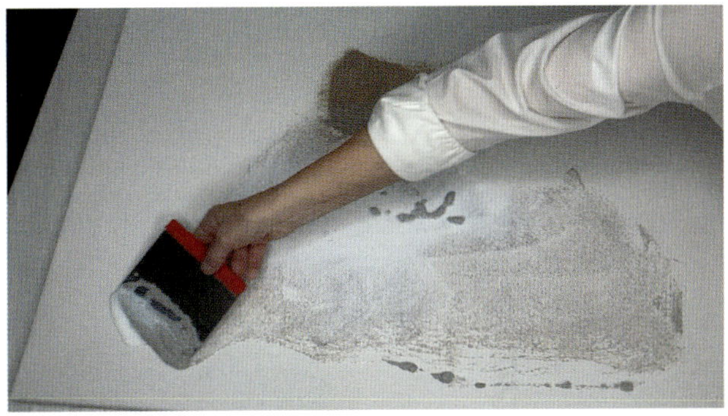

**Schritt 1**
Dann startest du mit der Sandschicht. Gib 2 Löffel Sand in die Mitte der Leinwand und gieße etwas von der Acryl-Wasser-Mischung auf den Sand, bis er schwimmt.

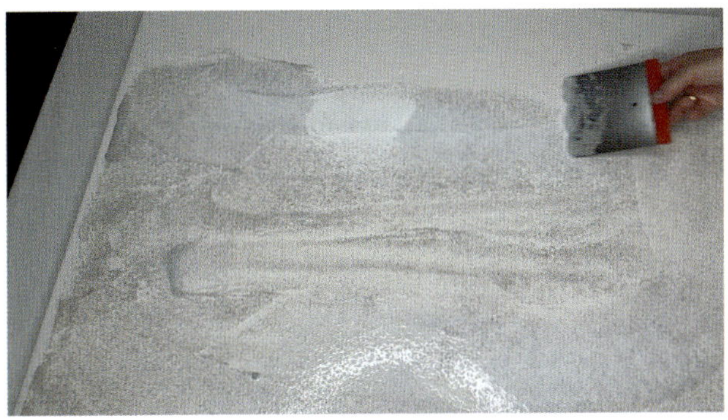

**Schritt 2**
Dann schiebst du mit einem Japanspachtel dieses Gemisch über die Leinwand bis an den Rand. Das muss nicht besonders gleichmäßig sein, aber es sollte möglichst die Leinwand mehr oder weniger bedecken.

Diese Schicht braucht je nach Temperatur einen halben bis einen Tag, bis sie durchgetrocknet ist.

## Tipp

Wenn du fertig bist, entferne Sandspuren an den Leinwand-Rändern und reinige direkt danach deinen Spachtel, sonst ist der Sand kaum noch zu entfernen, denn diese Acryl-Wasser-Mischung klebt wirklich gut.

# Jetzt geht es rund

Deine Spachtelmasse stellst du aus 400 g Fertigputz und 120 g Acrylbinder und 120 g Wasser her. Sie sollte nicht flüssig sein, sondern Stand haben.

**Schritt 3**

Du startest in der Mitte und arbeitest dich kreisförmig nach außen vor. Dabei ist es wichtig, dass du keine geschlossenen Kreise spachtelst, dann würde dein Bild am Ende wie eine Zielscheibe wirken. Setze nach und nach kleine Fertigputzmengen zu Kreisen zusammen.

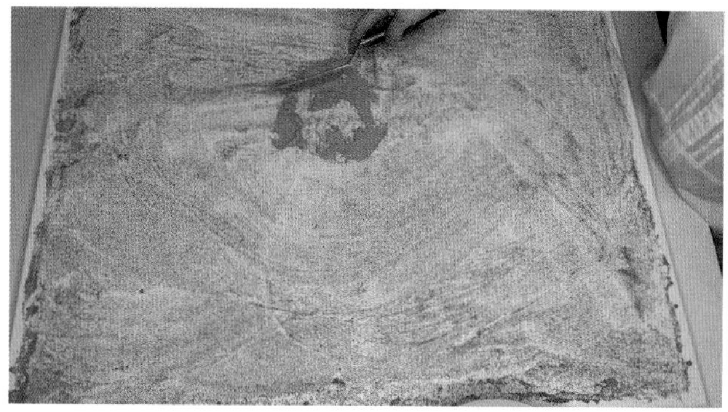

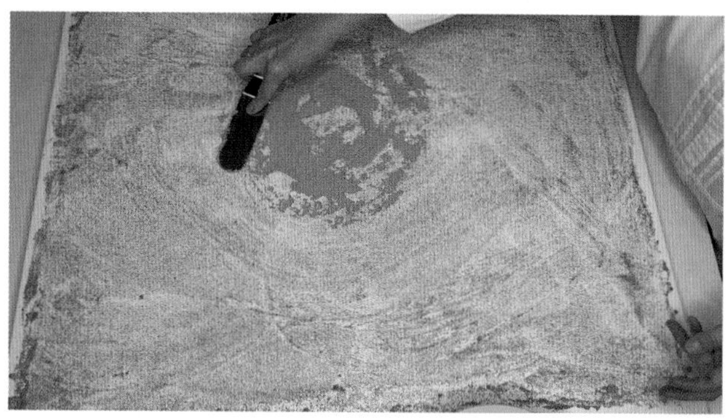

Und lass zwischendurch auch den Sand durchscheinen.

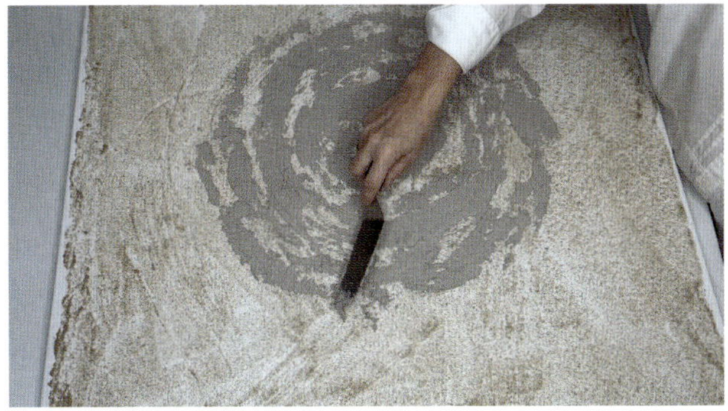

**Schritt 4**
An den Ecken angekommen, füllst du diese bis zum Rand.

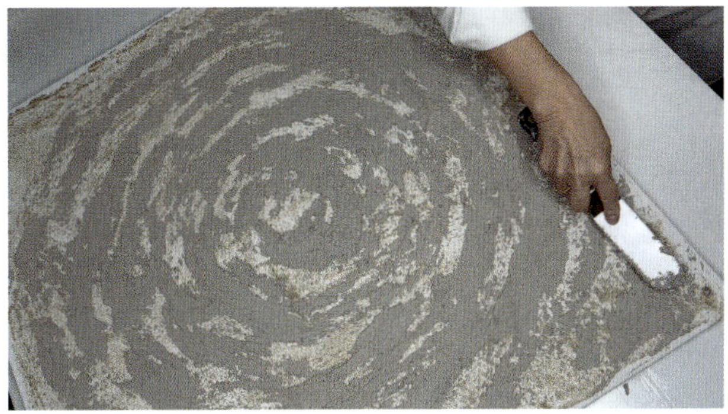

Gib deiner Leinwand Zeit zum Trocknen, je nach Stärke des Putzes bis zu zwei Tagen.

# Weiß und Schwarz und ganz viel Grau

Bevor du mit dem Farbauftrag beginnen kannst, muss der Fertigputz geschliffen werden. Das hat zwei Gründe: Zum einen fühlt sich die Oberfläche nicht gut an mit den Kanten und Spitzen, zum anderen müssen die losen Partikel herunter von der Leinwand, bevor du Farbe aufträgst.

**Schritt 5**
Nimm ein Schleifpapier in mittlerer Körnung und gehe einmal über eine gesamte Oberfläche. Danach musst du deine Leinwand einmal abfegen, denn der Schleifstaub setzt sich in die Ritzen.

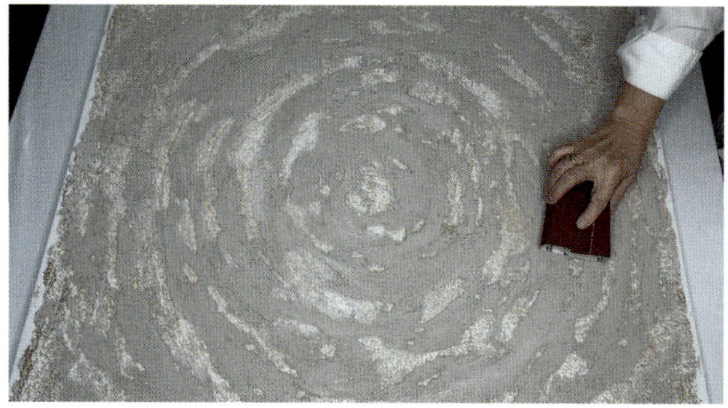

## Tipp

Wenn du empfindlich bist, solltest du dabei eine Maske tragen, um zu verhindern, dass du diesen Staub einatmest.

**Schritt 6**
Für den Farbauftrag benötigst du jetzt viel Weiß und etwas Schwarz. Sprüh deine Fläche einmal mit Wasser ein und dann starte mit einem breiten Borstenpinsel und lege eine Grundierung komplett in Weiß auf die Leinwand.

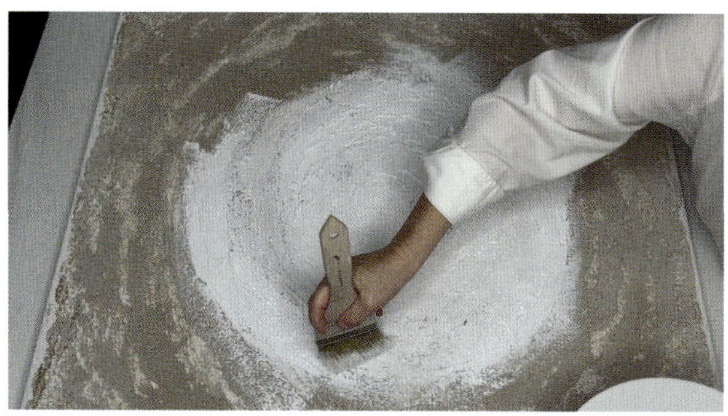

**Schritt 7**
Halte diesen Farbauftrag feucht, indem du immer wieder mit der Sprühflasche die Fläche leicht einnebelst.

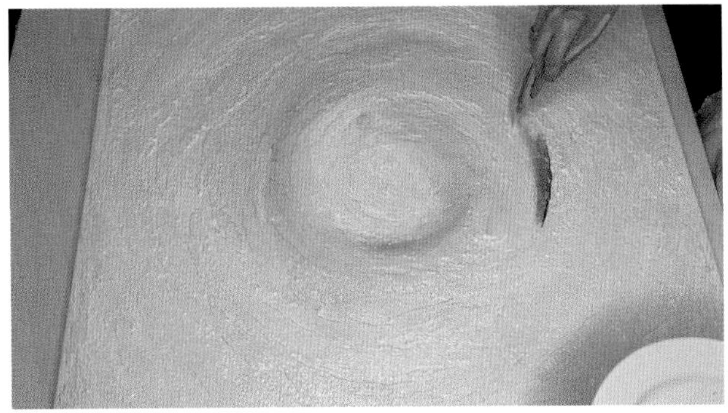

**Schritt 8**
Dann setzt du in die noch feuchte, weiße Farbe wenige schwarze Spuren, die du mit dem Weiß verblendest. Arbeite auch hier von der Mitte aus langsam bis zum Rand.

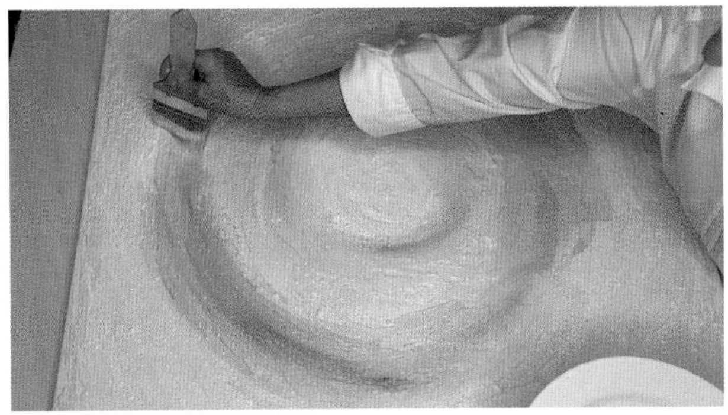

**Schritt 9**
Und wenn du dann noch die Ränder leicht grau färbst, hast du es geschafft! Diese Schicht braucht sicher einen Trag zum Trocknen.

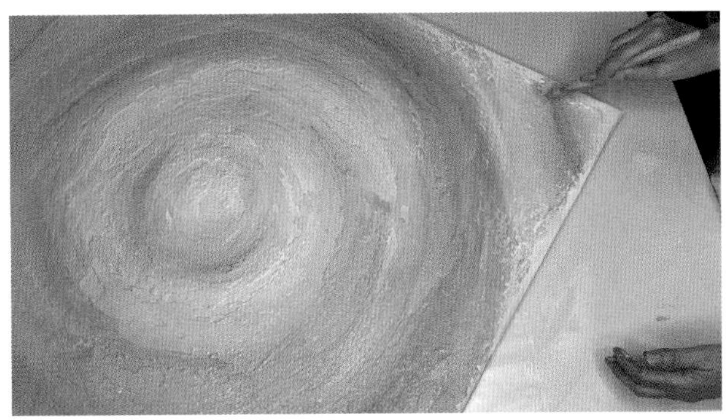

# Du siehst Schwarz

Der nächste Farbauftrag ist ein flüssiges Schwarz, mit dem du die Strukturen sichtbar machst.

**Schritt 10**
Lege einen löffelvoll schwarzer Acrylfarbe auf einen Teller, setze Wasser hinzu und verrühre es gründlich mit der Farbe, so dass ein flüssiges Schwarz entsteht.

Dann sprühst du die gesamte Fläche ein und beginnst, wieder in der Mitte, diese schwarze Farbe aufzutragen.

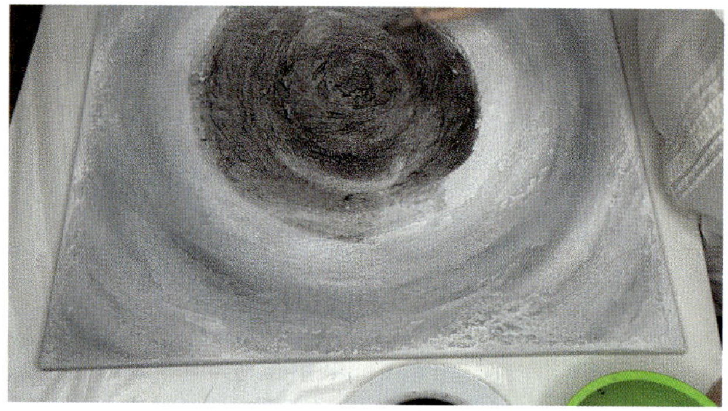

**Schritt 11**
Wenn alles mit Schwarz bedeckt ist, sprühst du erneut ein wenig Wasser auf die Leinwand. Dadurch werden die Strukturen erst richtig sichtbar. Dann nimmst du mit einem Küchenkrepp überschüssiges Wasser auf.

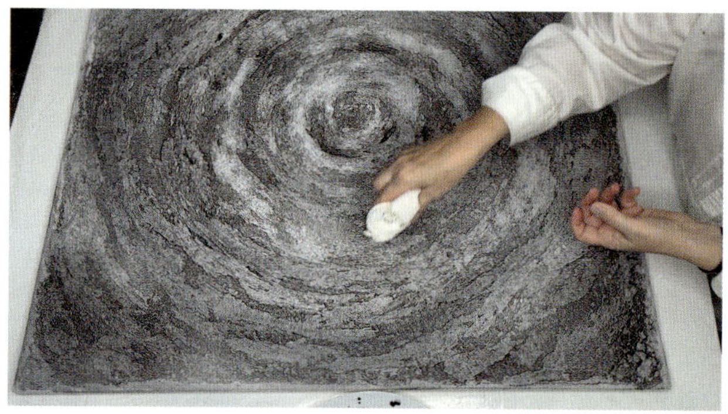

## Gut zu wissen

Denke daran: Im nassen Zustand sieht dein Bild deutlich dunkler aus. Also Vorsicht: Nicht zu viel wegtupfen!

**Schritt 12**
Danach kannst du mit einem dickeren Haarpinsel einige Stellen nochmals dunkel betonen. Das passt vor allem an den Rändern auf der Leinwand gut, und natürlich auch an den Seitenrändern. Und wieder ist ein Tag Trockenzeit nötig.

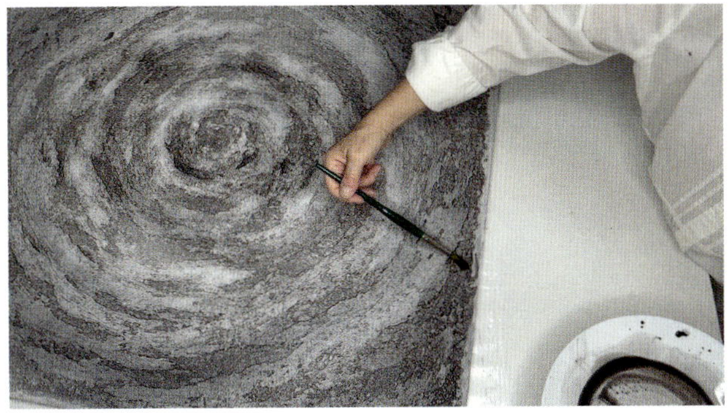

## Nicht ganz in Weiß

Mit dem flüssigen Schwarz hast du die Strukturen schon deutlich sichtbar werden lassen. Noch besser wird es, wenn jetzt die Erhebungen in Weiß hervorgehoben werden. Das ist schnell und einfach gemacht mit Hilfe einer kleinen Lackrolle.

**Schritt 13**
Nimm etwas weiße Acrylfarbe auf einen Teller und rolle mit der Lackrolle immer in eine Richtung. So wird die Lackrolle gleichmäßig mit Farbe benetzt.

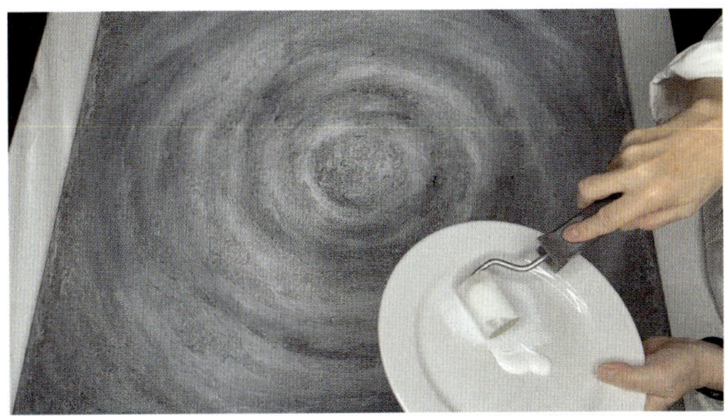

**Schritt 14**
Dann kannst du vorsichtig, in der Mitte beginnend, über deine Strukturen rollen.

Diese Farbschicht ist jetzt sehr schnell getrocknet, nach einer Stunde kannst du schon weitermachen.

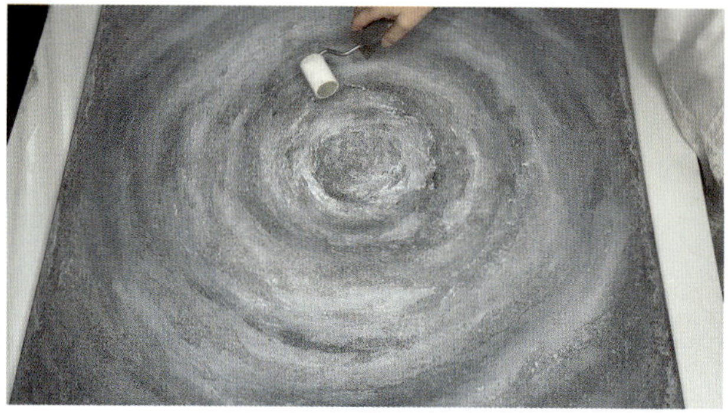

# Wirf Silber über mich

**Schritt 15**
Die letzte Farbschicht wird ebenfalls gerollt. Dieses Mal brauchst du eine große Lackrolle und du nimmst Acrylfarbe in Silber auf einen Teller. Rolle auch hier wieder nur in eine Richtung für einen gleichmäßigen Farbauftrag.

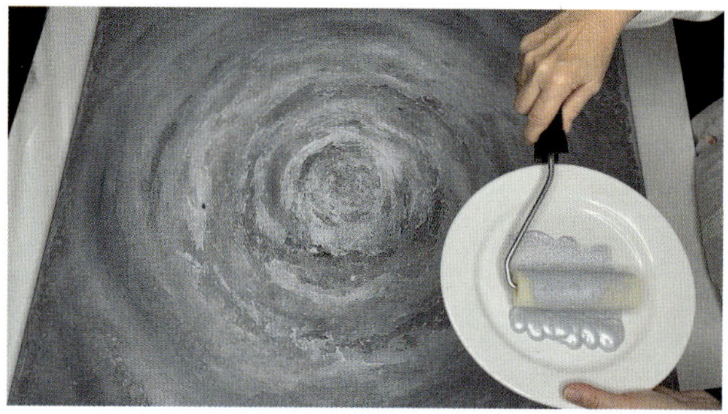

**Schritt 16**
Es wird die ganze Leinwand gerollt, versuche dabei, den Rundungen zu folgen.

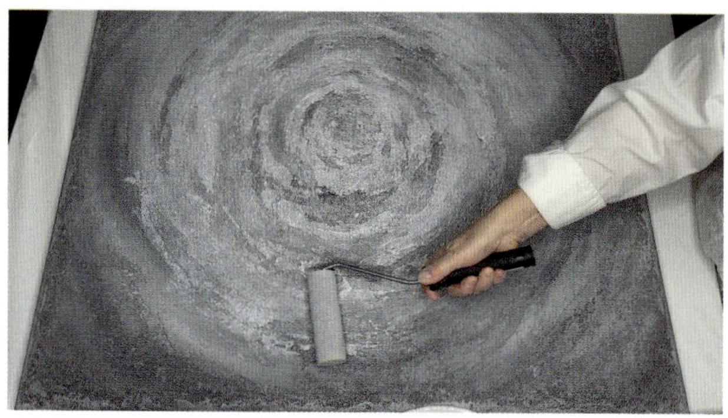

**Schritt 17**
Und wenn du in den Ecken angekommen bist, kannst du anschließend auch gleich die Seitenränder rollen.

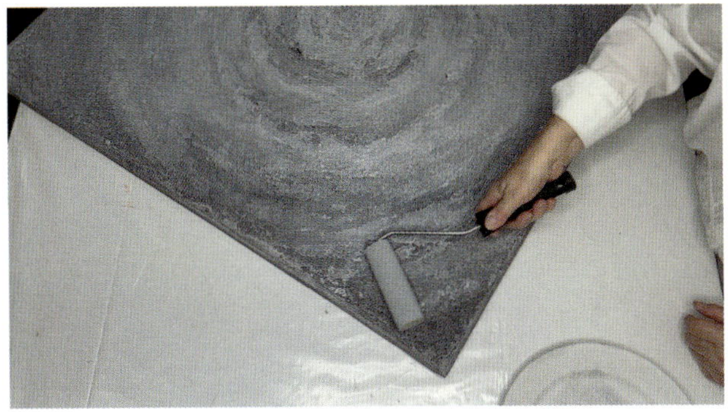

# Noch mehr Glanz

Die Silber-Schicht ist schnell getrocknet, nach einer Stunde kannst du deinen Mond lackieren. Da das Bild schon glänzende Anteile enthält, macht es Sinn, auch glänzend zu lackieren.

**Schritt 18**
Fülle deinen Acryllack in eine Schale und verdünne ihn leicht mit Wasser. Dann nimm einen Synthetik-Pinsel und starte ein letztes Mal in der Mitte mit dem Auftrag. Und denke wie immer auch an die Ränder.

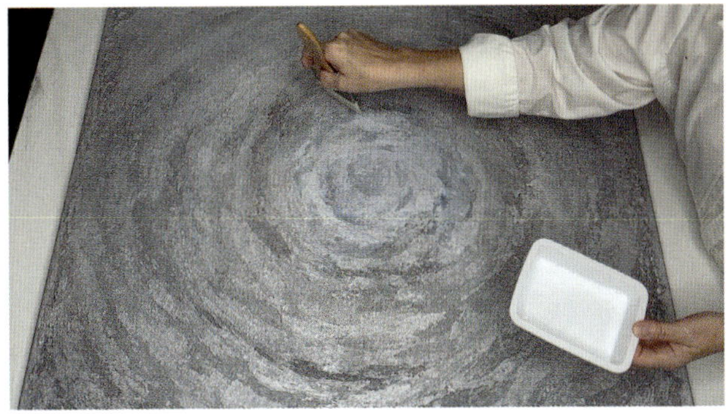

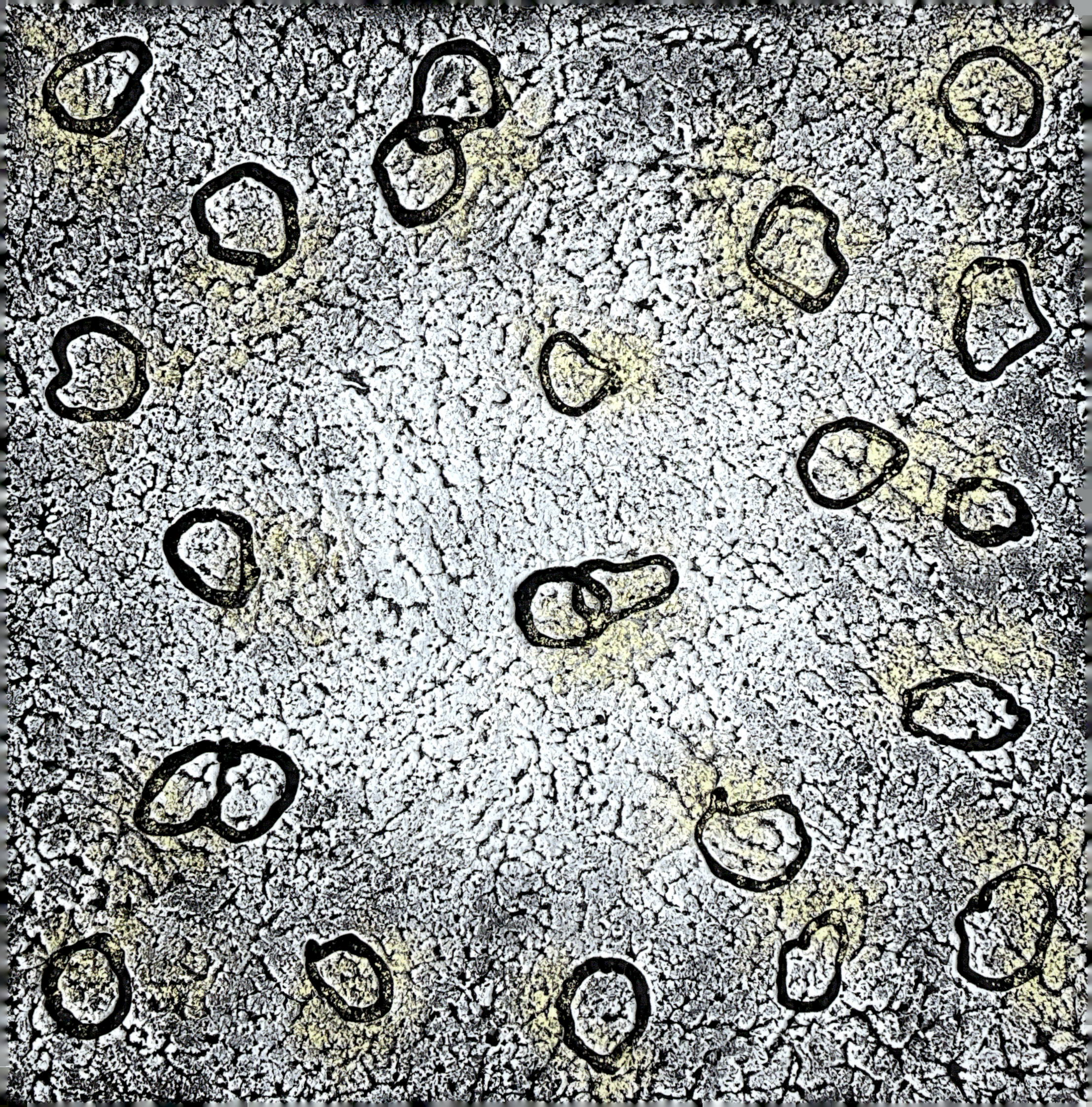

# Nano

Fertigputz

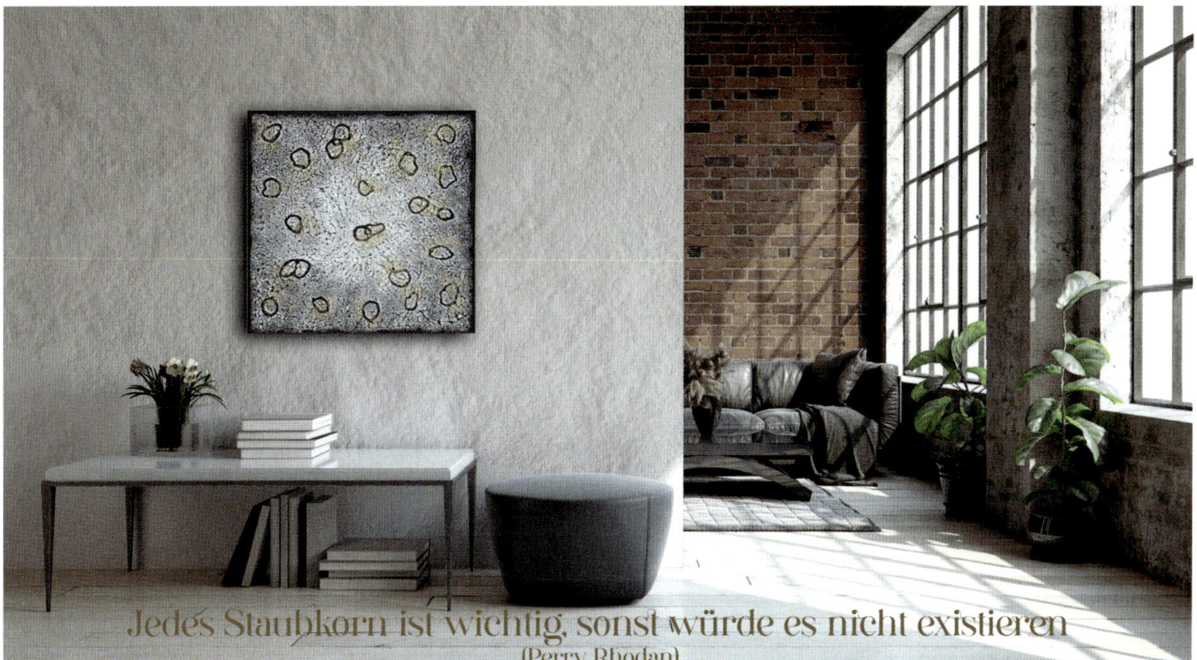

## Fertigputz

Und noch einmal Fertigputz: Und ein schöner Beweis, wie vielfältig und unterschiedlich sich dieses Material einsetzen lässt.

## Materialliste

- 1 Leinwand 60 cm x 60 cm
- Quarzsand
- Acryldispersion
- 400 g Fertigputz + 100 g Fertigputz
- 120 g Acrylbinder + 80 g Acrylbinder
- Gesso
- Acrylfarbe in Weiß und Schwarz
- Gold Glitter

## Werkzeugliste

- Japanspachtel, etwas breiter
- Löffel
- Küchenwaage
- 1 Plastikbeutel, z.B. Tiefkühlbeutel 3 l
- Schüssel
- Malmesser, 4 cm breit
- Schleifpapier
- Sprühflasche
- Schere
- Borstenpinsel, 6 cm breit
- Borstenpinsel, 4 cm breit
- Borstenpinsel, 12 mm breit
- Synthetik-Pinsel, 6 cm breit

## Zeit

Reine Arbeitszeit:
5 Stunden,
Dauer mit Trockenzeiten:
6 Tage

## Zum Video

Wenn du dir gerne ansehen möchtest, wie ich dieses Bild erstelle und noch genauer wissen möchtest, wie ich arbeite, dann findest du hier das Video: ***https://elopage.com/s/die-bilder-werkstatt/nano***

# Und wie immer ...

Wie schon bei dem vorherigen Bild „Silbermond" mit Fertigputz braucht dein Bild als erstes eine Sandschicht. Du stellst dir zunächst die Klebe-Mischung aus Acrylemulsion oder -dispersion im Verhältnis 1 : 1 mit Wasser her.

**Schritt 1**
Dann startest du mit 2 Löffel Sand in die Mitte der Leinwand und gießt etwas von der Acryl-Wasser-Mischung auf den Sand, bis er schwimmt. Mit dem Japanspachtel schiebst du dieses Gemisch über die Leinwand bis an den Rand.

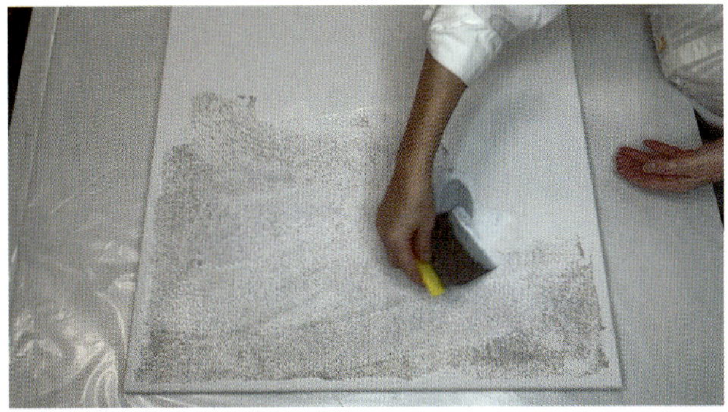

Mach so weiter, bis die ganze Leinwand bedeckt ist. Diese Schicht braucht je nach Temperatur einen halben bis einen Tag, bis sie durchgetrocknet ist.

## Tipp

Denke daran, wenn du mit dem Auftrag fertig bist, die Sandspuren an den Leinwand-Rändern zu entfernen und auch dein Werkzeug zu reinigen, der Sand lässt sich später schlecht entfernen.

# Wie früher: Rauputz

**Schritt 2**
Deine Spachtelmasse stellst du aus 400 g Fertigputz und 120 g Acrylbinder und 120 g Wasser her. Du kannst auch Wasser und Binder vorab mischen und dann hinzufügen. Die fertige Masse verteilst du dann im ersten Schritt mit dem Malmesser sehr gleichmäßig auf der Leinwand.

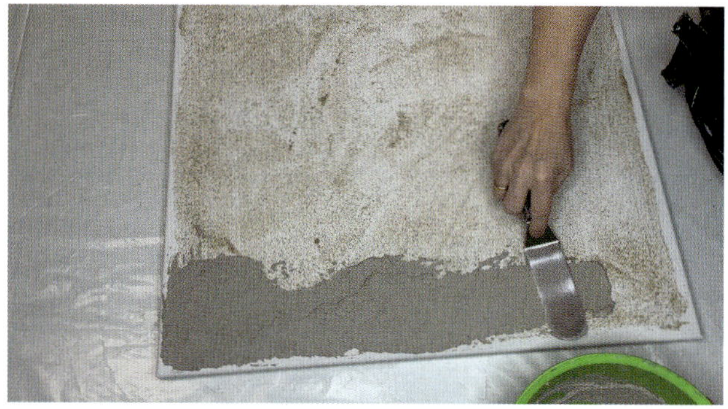

**Schritt 3**
Direkt im Anschluss nimmt du dann eine kleine Menge Spachtelmasse an die Unterseite des Malmessers und drückst damit mehrfach leicht auf den Untergrund.

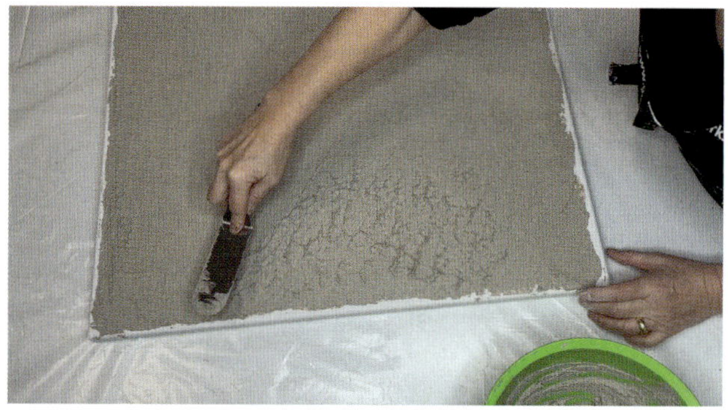

**Schritt 4**
Am Ende hast du dann eine gleichmäßige Fläche mit kleinen Erhebungen.

Das lässt du einen Tag lang trocknen.

# Ein bisschen wie in der Plätzchenbäckerei

**Schritt 5**
Im nächsten Schritt wird es staubig, eventuell trägst du eine Maske, denn jetzt schleifst du die trockene „Rauputz"-Leinwand ein bisschen ab, um so die schlimmsten Spitzen zu brechen und auch das lose Material zu entfernen. Zum Schluss fegst du deine Leinwand gut ab.

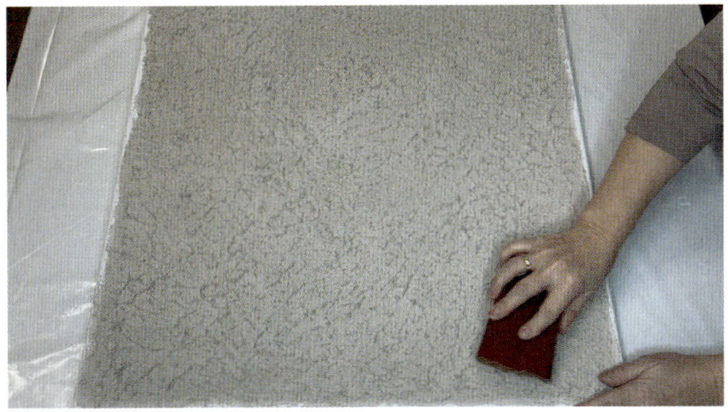

**Schritt 6**
Und jetzt brauchst du erneut eine Fertigputz-Mischung, aber diese muss flüssiger sein als dein erster Auftrag. Deshalb mischst du hier 100 g Fertigputz und 80 g Binder, kein Wasser, weil diese Masse sehr gut haften muss. Diese Mischung füllst du dann wie einen Plätzchenteig in einen Plastikbeutel und schneidest vorne ein sehr kleines Loch hinein.

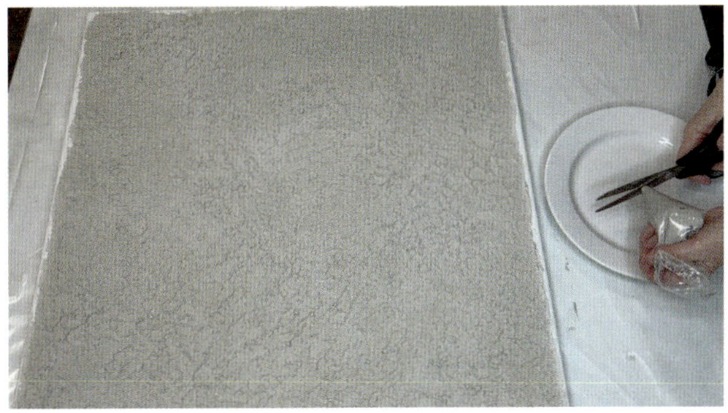

**Schritt 7**
Auf einem Teller kannst du dann üben, aus dem Fertigputz Kreise zu spritzen. Sie müssen nicht gleichmäßig sein, weder in der Stärke noch in der Rundung, das ist die künstlerische Freiheit in diesem Werk.

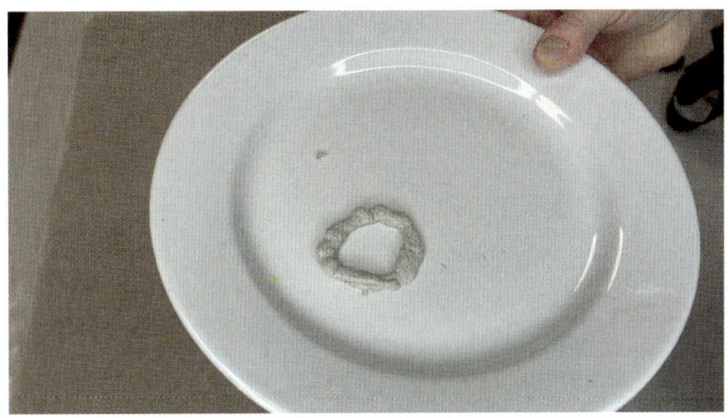

**Schritt 8**
Dann verteilst du diese Art Kringel auf der Leinwand. Beginne am Rand, es dürfen auch „Trauringe", also überschneidende Kreise, dabei sein. Arbeite dich so zur Mitte vor.

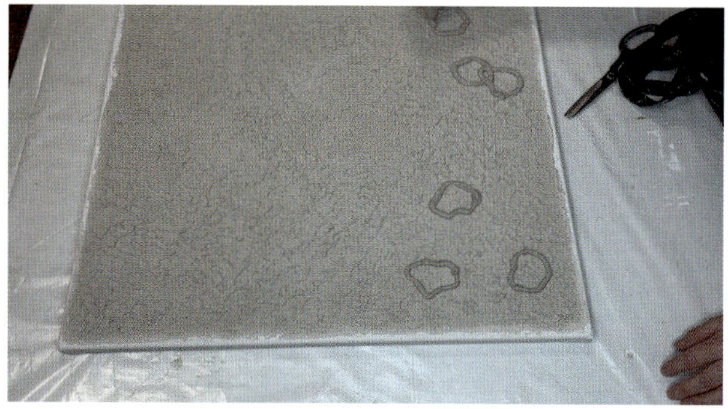

**Schritt 9**
Am Ende könnte es so auf deiner Leinwand aussehen.

Die Kringel sind nach einem Tag trocken.

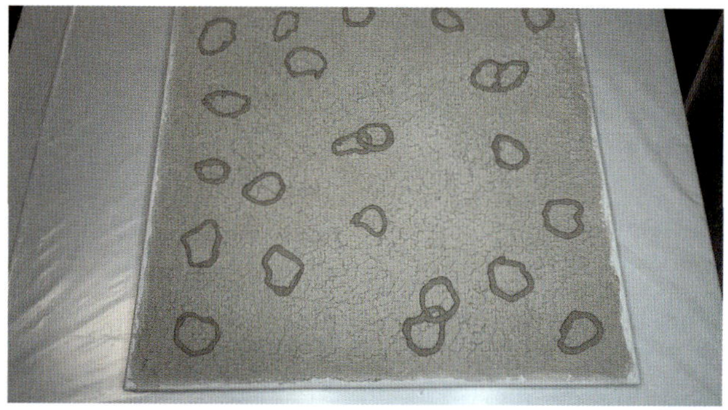

## Tipp

Zum Abschluss lässt du deine Leinwand 2- oder 3-mal aus ca. 40 cm Höhe auf deinen Arbeitstisch fallen. Dadurch sackt der aufgetragene Fertigputz noch besser in die vorhandene Struktur und verbindet sich gut mit dem Untergrund.

# So viel Weiß muss sein

## Gut zu wissen

Fertigputz ist nach dem Trocknen sehr offenporig, d.h. er „schluckt" viel Farbe.

Als nächstes grundierst du den Untergrund zunächst mit Gesso, damit die nachfolgenden Farbaufträge besser haften und nicht so dick aufgetragen werden müssen.

## Tipp

Wenn du Gesso aufträgst, solltest du einen alten Pinsel nutzen, weil sich das Gesso kaum vollständig auswaschen lässt und jeden Pinsel über kurz oder lang verdirbt.

**Schritt 10**
Falls du kein Gesso zur Hand hast, kannst du auch jetzt schon mit Acrylfarbe starten. Mit etwas Wasser aus der Sprühflasche machst du das Gesso (oder die Farbe) streichfähiger. Aber nimm nicht zu viel Wasser, sonst deckt diese Farbschicht nicht gut.

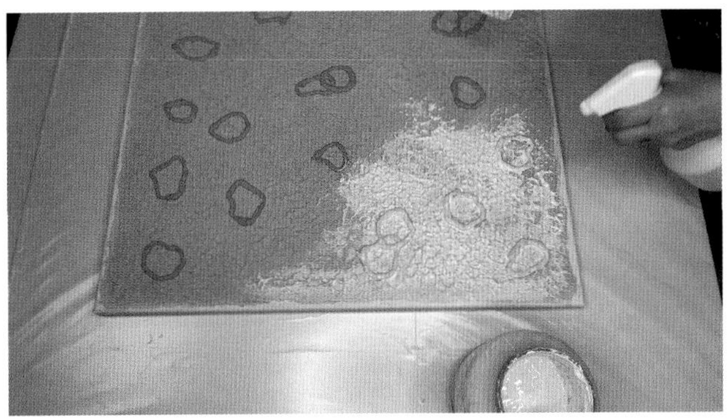

**Schritt 11**
Das Gesso ist in einem Tag getrocknet. Danach gehst du dann mit weißer Acrylfarbe noch einmal über die gesamte Fläche, damit das stumpfe Gesso nun durch ein brillantes Weiß abgedeckt wird. Du kannst in diesem Fall die Acrylfarbe einfach auf die Leinwand tröpfeln und direkt verteilen.

Am besten lässt du das auch einen Tag trocknen.

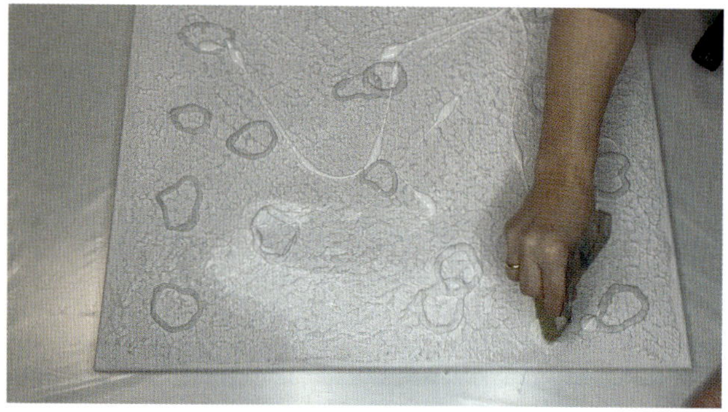

# Du siehst schon wieder Schwarz

**Schritt 12**
Nun kannst du die Konturen mit Schwarz hervorheben. Leg hier einen breiten Streifen schwarzer Acrylfarbe auf einen Teller, nimm ein bisschen Farbe mit der Lackrolle auf, indem du die Rolle immer wieder in die gleiche Richtung bewegst.

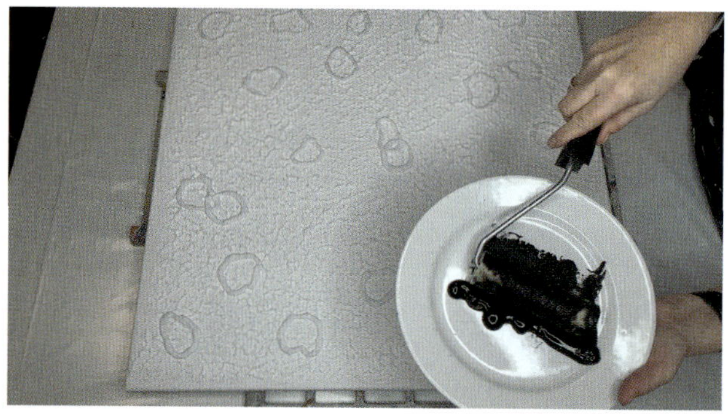

**Schritt 13**
Mach dann einen Test auf einem Stück Papier, so kannst du verhindern, dass grobe Kleckse gleich beim ersten Mal auf der Leinwand landen. Und dann beginnst du, ohne Druck vom Rand aus, deine Leinwand mit Schwarz zu rollen.

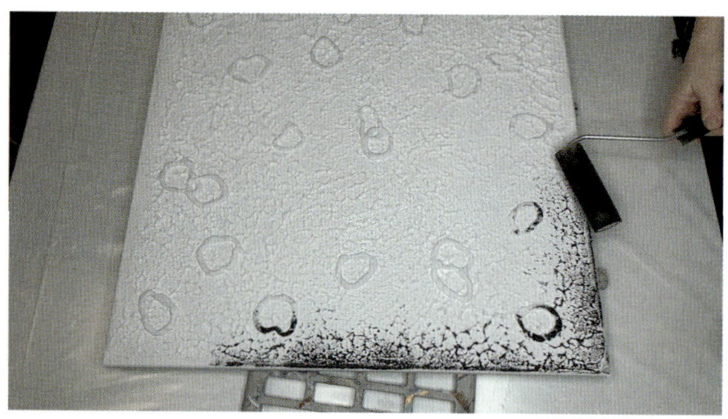

**Schritt 14**
Auf diese Weise arbeitest du dich bis zur Mitte vor, wobei es am Rand schon ein kräftigeres Schwarz sein sollte (da rollst du einfach mehrmals drüber) als im Inneren des Bilds.

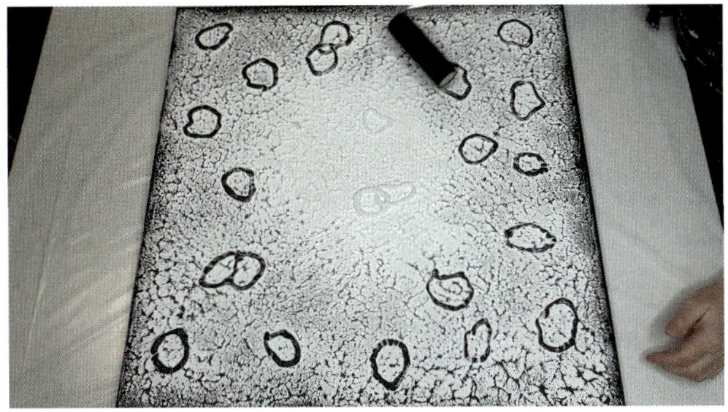

**Schritt 15**
Mit der Rolle kannst du dann auch schnell und gleichmäßig die Ränder schwarz einfärben.

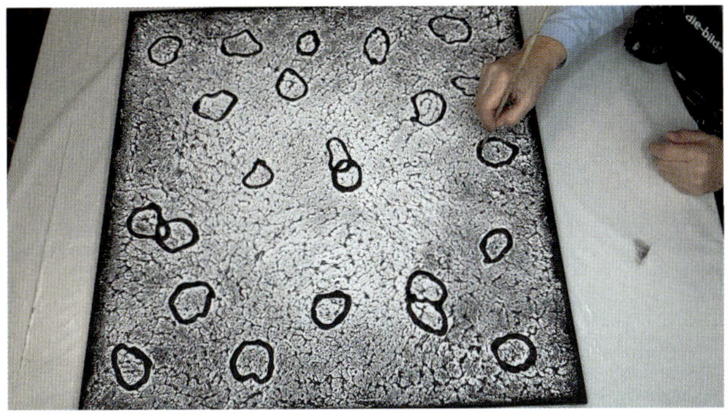

## Gut zu wissen

Beim Auftrag mit der Lackrolle kommst du nicht in die Vertiefungen, das ist ja auch so gewollt. Allerdings kann es jetzt auch bedeuten, dass die Ringe teilweise scheckig aussehen. Dann musst du entscheiden: Wenn es dir gefällt, lass es gerne so. Bevorzugst du es lieber „ordentlicher", müsstest du mit einem kleinen Haarpinsel nacharbeiten.

# ... wirf Gold und Silber über mich

**Schritt 16**
Nach ein bis zwei Stunden ist die schwarze Farbschicht trocken und dann wirfst du tatsächlich Gold auf dein Bild. Nimm etwas Gold-Glitzer zwischen die Finger und streue es auf die Leinwand. Achte darauf, dass du es nicht gleichmäßige verteilst, sondern Schwerpunkt setzt.

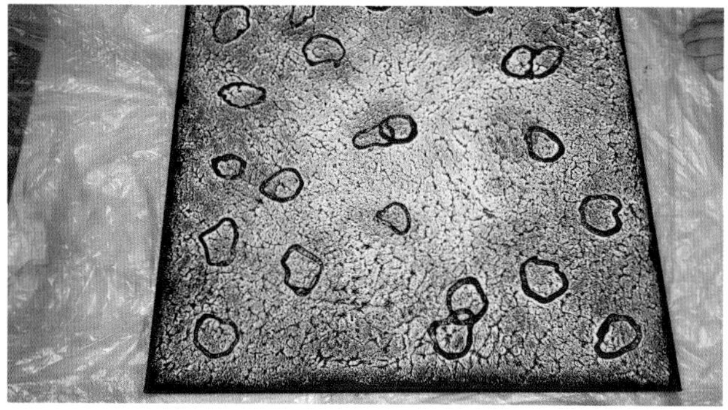

## Tipp

Für die nächste Aktion solltest du deinen Untergrund großzügig mit Folie abdecken, denn bei diesem Sprühvorgang wird die Umgebung in Mitleidenschaft gezogen, d.h. alles klebt anschließend.

**Schritt 17**
Zum Fixieren dieser Glitzerschicht stellst du dir jetzt eine Mischung aus Acryldispersion und Wasser her, im Verhältnis 1 : 1 und füllst diese Flüssigkeit in eine Sprühflasche. Und dann sprühst du dieses Gemisch über deine gesamte Leinwand. Das schimmert zunächst sehr bläulich, das verschwindet, sobald alles getrocknet ist. Diese Schicht ist auch gleichzeitig die Lackschicht auf deinem Bild, du musst nicht mehr zusätzlich lackieren.

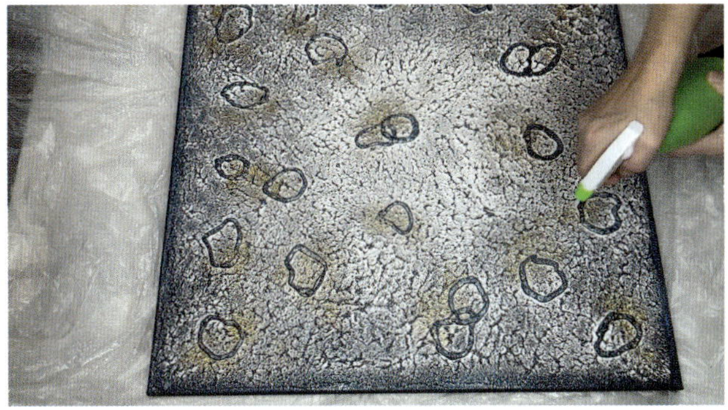

## Tipp

Direkt nach dem Auftrag muss du deine Sprühflasche gut mit klarem Wasser durchsprühen und den Sprühkopf auch im Wasser reinigen, sonst verklebt die Öffnung dauerhaft und die Sprüheinheit wird unbrauchbar.

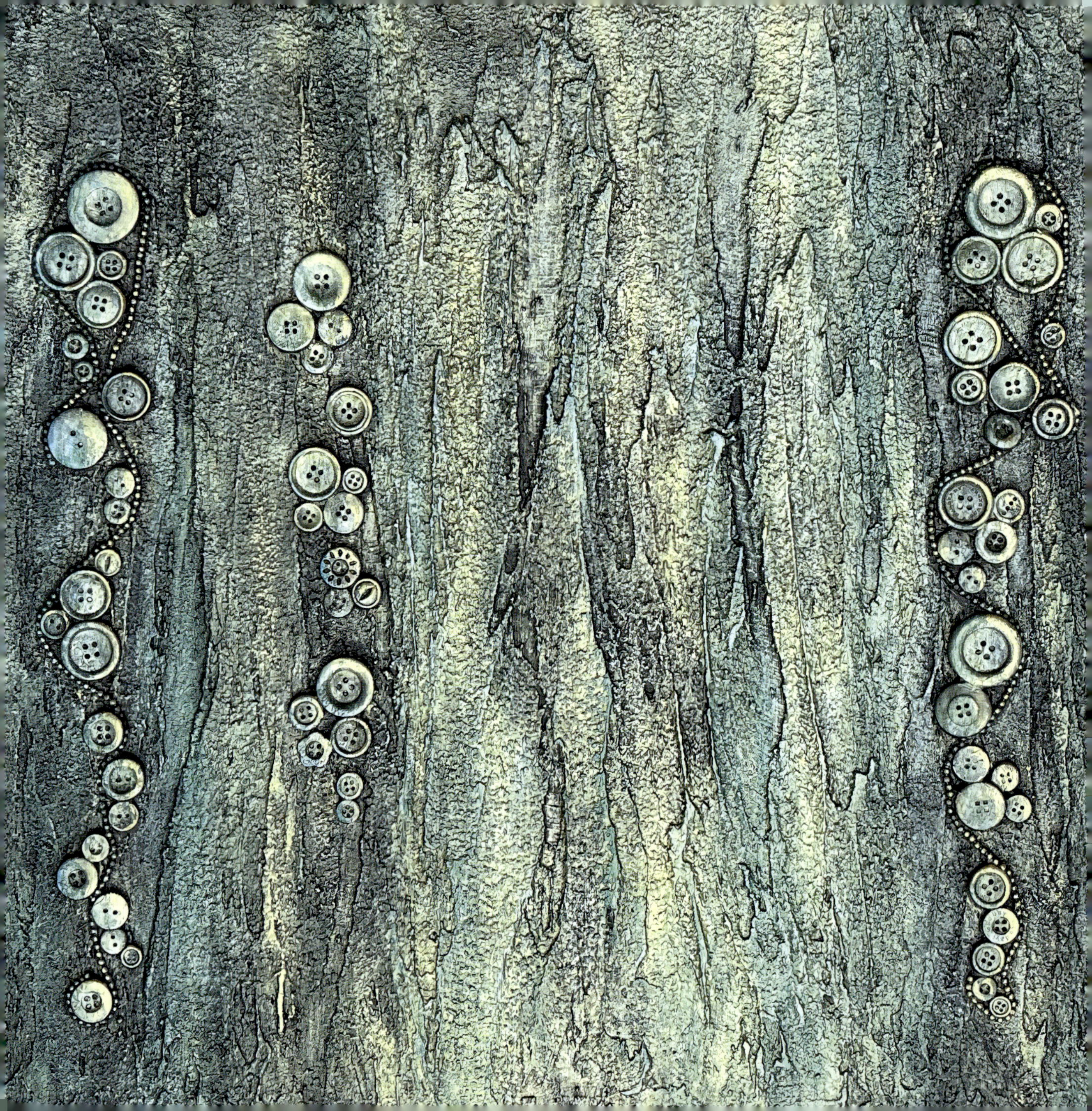

# Button Up

Fertigputz und Knöpfe

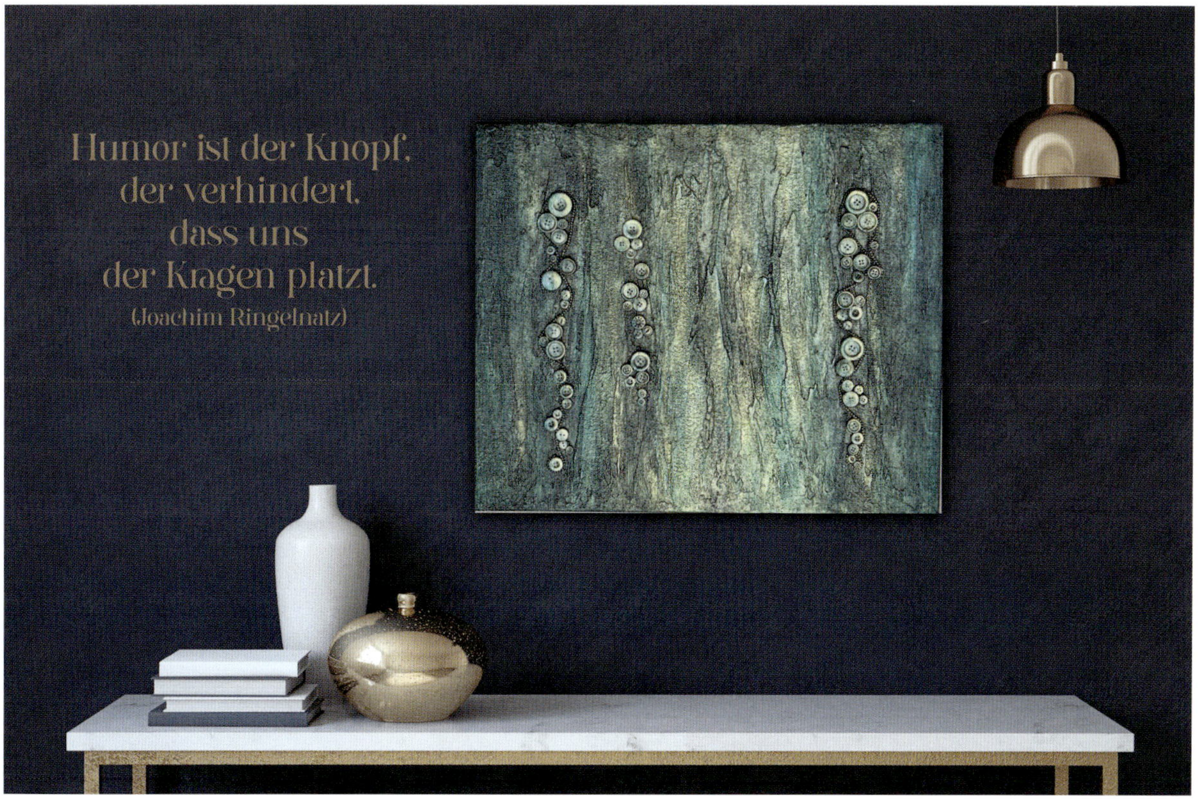

## Materialliste

- 1 Leinwand 50 cm x 60 cm, 4 cm tief
- Quarzsand
- Acryldispersion
- 400 g Fertigputz
- 120 g Acrylbinder
- Knöpfe
- Kugelkette
- Gel Medium matt
- Acrylfarbe in blaugrün
- Acrylfarbe in Gold
- Pigment Indigo (oder entsprechend dunkelblaue Acrylfarbe)
- Acryllack glänzend

## Werkzeugliste

- Japanspachtel, etwas breiter
- Löffel
- Küchenwaage
- Schüssel
- Malmesser
- Sprühflasche
- Borstenpinsel, 4 cm breit
- Borstenpinsel, 12 mm breit
- Synthetik-Pinsel, 6 cm breit

## Zeit

Reine Arbeitszeit:
7 bis 8 Stunden,
Dauer mit Trockenzeiten:
7 Tage

## Zum Video

Wenn du dir gerne ansehen möchtest, wie ich dieses Bild erstelle und noch genauer wissen möchtest, wie ich arbeite, dann findest du hier das Video:
***https://elopage.com/s/die-bilder-werkstatt/buttonup***

## Fertigputz und Knöpfe

In diesem Bild ist die Grundierung mit Fertigputz die Bühne für den großen Auftritt der Knöpfe. Das ginge auch mit einem anderen Material, was du vielleicht gerade zur Hand hast. Mit gefällt dieser grobe Stoff im Kontrast zu den eher filigranen Knöpfen und Kugelketten.

# Im Untergrund muss es stimmen

Damit dein Fertigputz gut hält brauchst du wieder die Sandstruktur, wie du sie schon vielleicht von den vorherigen Bildern kennst. Mische vorab etwas Acrylemulsion im Verhältnis 1 : 1 mit Wasser.

**Schritt 1**

Dann gibst du zwei Löffel Sand auf die Leinwand, gießt diese Mischung dazu, so dass der Sand schwimmt, und nun verteilst du diese Mischung über deine ganze Leinwand. Das muss dann einen Tag trocknen.

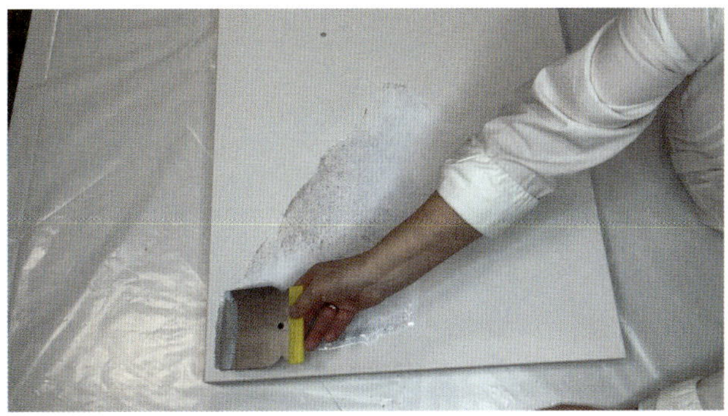

## Gut zu wissen

Bei selbst angefertigten Strukturmassen ist es wichtig, dass du nach dem Trocknen einen Test machst, um festzustellen, ob dein Material auf Dauer halten wird: drücke mit etwas Kraft von unten gegen die Leinwand. Wenn dein Material nicht bröckelt, hast du alles richtig gemacht. Der Fertigputz würde ohne Sand wahrscheinlich abblättern, während er sich in der Sandschicht festhalten kann und niemals reißen oder abfallen wird.

**Schritt 2**

Für den Struktur im Untergrund verrührst du 400 g Fertigputz mit 120 g Acrylbinder und 120 g Wasser. Beim Auftragen des Putzes erzeugst du eine möglichst senkrecht verlaufende Struktur. Lass diesen Auftrag sicherheitshalber zwei Tage trocknen.

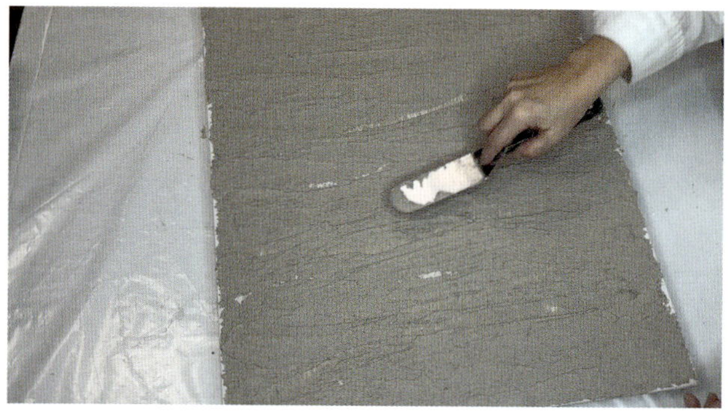

**Schritt 3**

Der ausgehärtete Putz fühlt sich teilweise sehr spitz und unangenehm an, deshalb schleifst du jetzt deine gesamte Leinwand und glättest den Fertigputz auch am Rand.

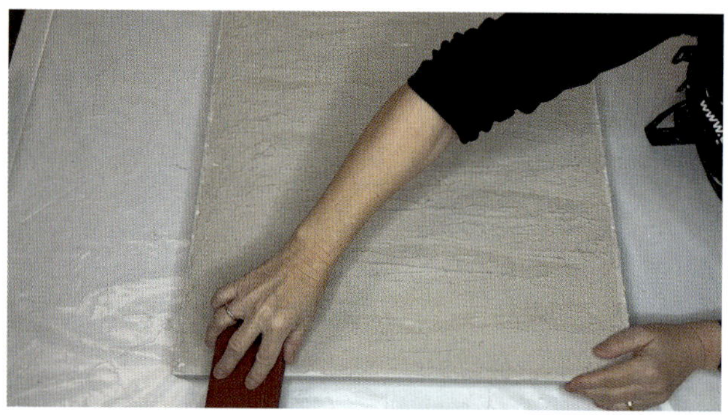

**Schritt 4**
Dann geht es endlich los mit den Knöpfen. Lege dir zunächst ein Muster auf die Leinwand: Insgesamt werden es drei Stränge sein, die locker verbunden sind durch eine Kugelkette.

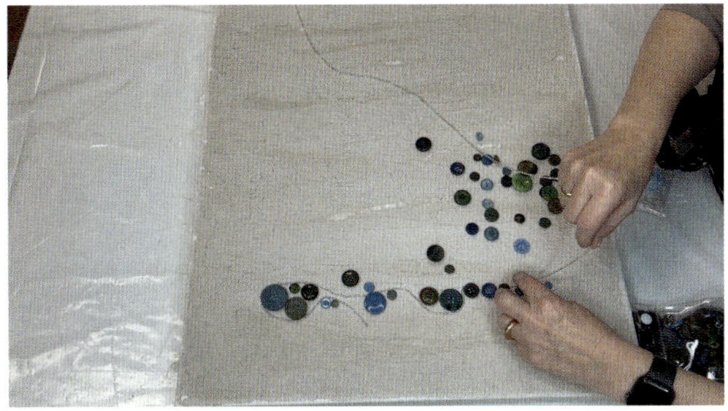

## Gut zu wissen

Du kannst auch eine andere Kette nehmen oder ein dickeres Garn, und wenn du nichts Passendes zur Hand hast, dann geht es auch ohne diese Verbindung.

**Schritt 5**
Zum Kleben der Knöpfe benötigst du eine klebrige Masse wie z.B. Malgel. Das spachtelst du auf die Rückseite der Knöpfe und klebst so Knopf für Knopf auf.

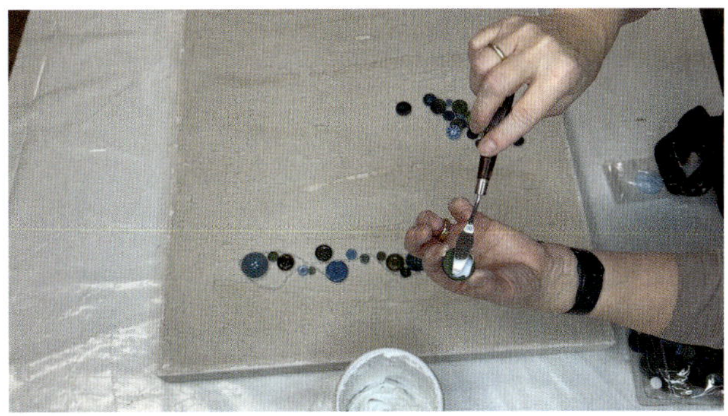

## Gut zu wissen

Acrylbinder ist zu flüssig, es braucht einen Klebstoff mit mehr Stand, damit du die Knöpfe darin einbetten kannst. Das Malgel sollte möglichst matt sein, damit überschüssige Klebspuren unsichtbar bleiben.

**Schritt 6**
Wenn die Knöpfe kleben, dann streichst du die Kette Stück für Stück ein und drapierst sie zwischen die Knöpfe.

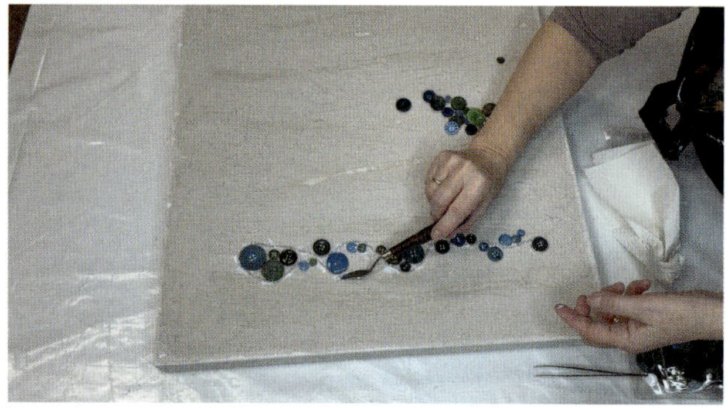

Das ist ein bisschen Feinarbeit, aber machbar.

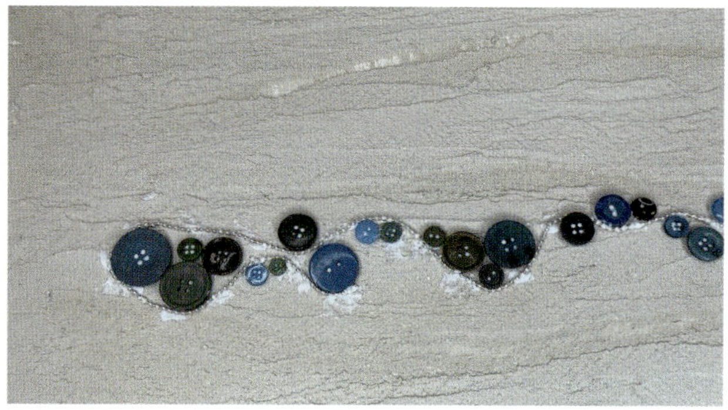

**Schritt 7**
Und so könnten dann deine Knopfreihen aussehen. Je nach Klebstoff braucht dieser Arbeitsschritt mindestens einen Tag zum Trocknen.

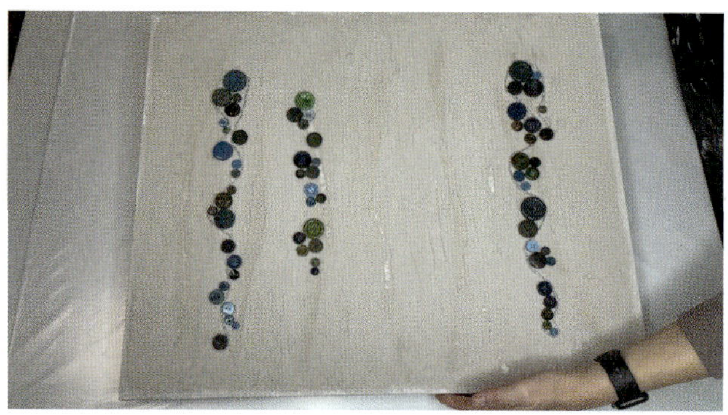

# Weiß Weiß Baby

**Schritt 8**
Da die meistens Knöpfe aus Plastik sind, brauchst du nun eine Grundierung, auf der die spätere Farbe gut hält. Du pinselst deine komplette Leinwand mit einem breiteren Pinsel mit Gesso ein.

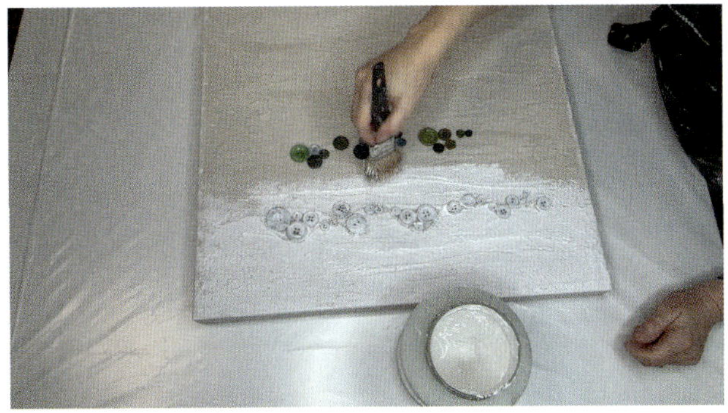

**Schritt 9**
Wenn du einmal alles gestrichen hast, kontrollierst du noch die Feinheiten. Ist überall Gesso angekommen? Wenn nicht, arbeitest du die fehlenden Stellen mit einem kleineren Borstenpinsel nach. Das muss auch wieder mindestens einen Tag trocknen.

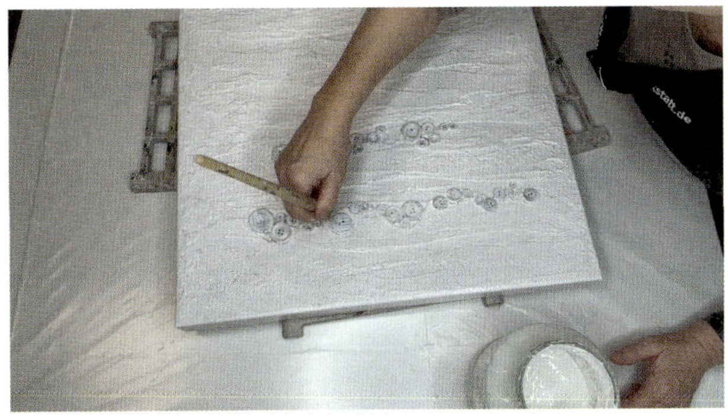

# Ach, das ist ja goldig

**Schritt 10**
Nun bist du bei dem ersten Farbauftrag angelangt: Die gesamte Leinwand wird einmal in Gold gestrichen. Trage die Farbe sehr satt auf und achte darauf, dass sie nicht trocknet, sonst sprühst du etwas Wasser auf.

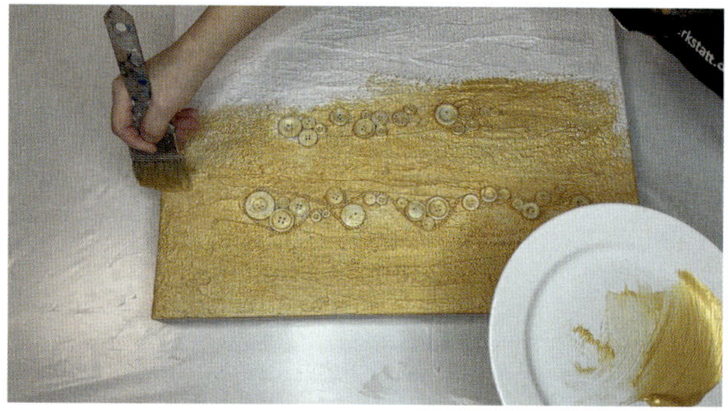

**Schritt 11**
Direkt in die noch feuchte Farbe setzt du nun leichte blaugrüne Spuren und arbeitest sie in das Gold ein. Denke auch an deine Ränder.

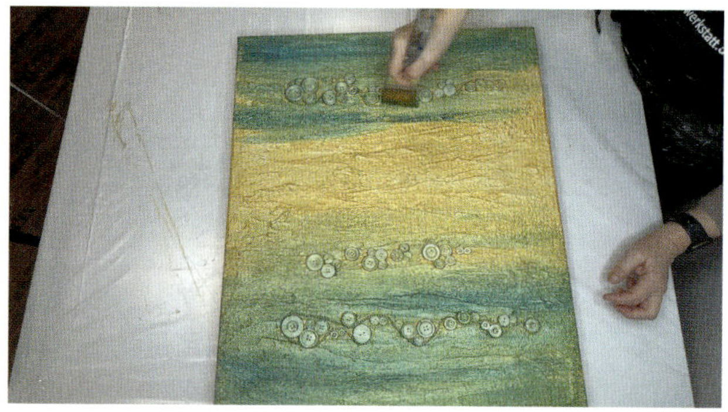

**Schritt 12**
Diese Schicht ist schneller trocken, nach einen halben Tag kannst du weitermachen.

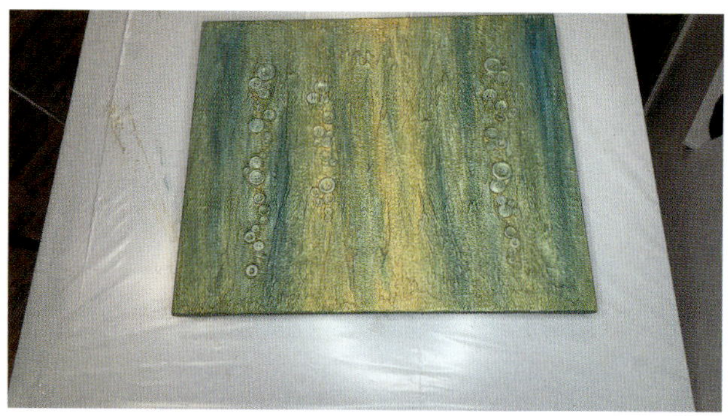

# Drama, Baby, Drama

**Schritt 13**
Um nun die Strukturen richtig zur Geltung zu bringen, kommt eine Schicht flüssiges Dunkelblau auf das Bild. Die Farbe stellst du dir aus dem Pigment Indigo her: Gib etwas Pigment auf einen Teller, füge etwas Wasser hinzu und verrühre beides. Anschließend kommt die gleiche Menge Acryldispersion hinzu und auch das verrührst du gut.

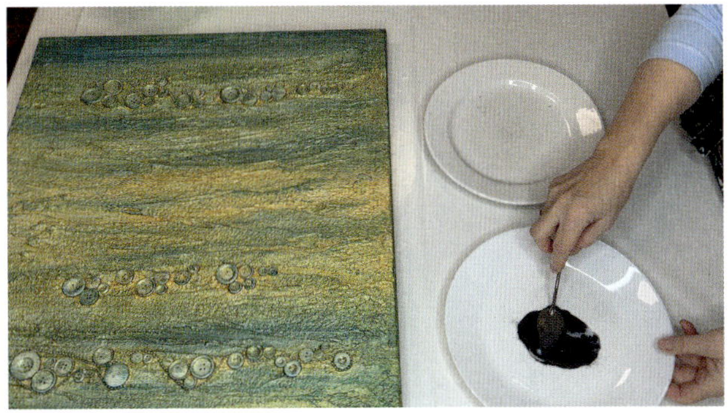

**Schritt 14**
Jetzt nimmst du dir von dieser sehr intensiven Farbe mit dem nassen Pinsel etwas auf einen zweiten Teller, gibst hier noch etwas Wasser hinzu, startest dann mit dieser verdünnten Farbe und streichst deine gesamte Leinwand ein.

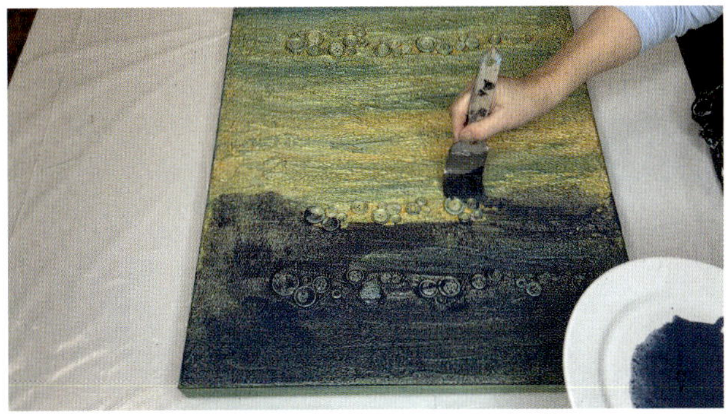

**Schritt 15**
Anschließend sprühst du Wasser auf dein Bild. Jetzt treten die Strukturen deutlich hervor.

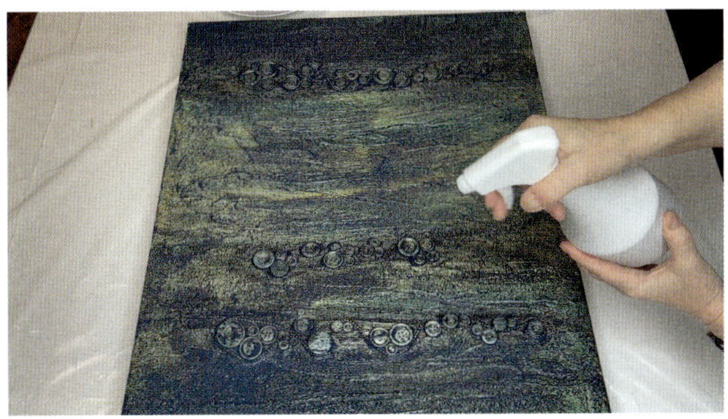

**Schritt 16**

Mit einem Küchenkrepp nimmst du überschüssige Farbe auf. Das gilt besonders für die Mitte des Bilds, hier darf mehr Gold durchschimmern. Gleichzeitig kannst du mit einem kleinen Haarpinsel die unverdünnte Farbe zwischen den Knöpfen aufbringen, um noch mehr Tiefe zu erzeugen. Vergiss nicht deine Ränder! Dieser flüssige Auftrag sollte einen Tag trocknen.

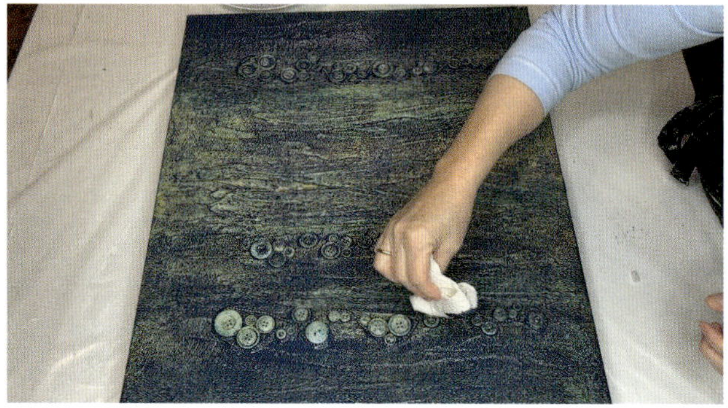

## Gut zu wissen

Lass dich von diesem gräulich-bläulichen Schimmer in der angerührten Farbe nicht irritieren: Das sind die Emulgatoren in der Acryldispersion, beim Trocknen verschwindet dieser Schimmer. Dein Bild wird im trockenen Zustand dunkler sein. Versuche das zu berücksichtigen.

# (Fast) geschafft

**Schritt 17**

Im letzten gestalterischen Schritt lässt du die Knöpfe mehr strahlen: Gib etwas Acrylfarbe in Gold auf einen Teller, tupfe mit der Finderspitze in die Farbe und trage es dann auf die Knöpfe auf.

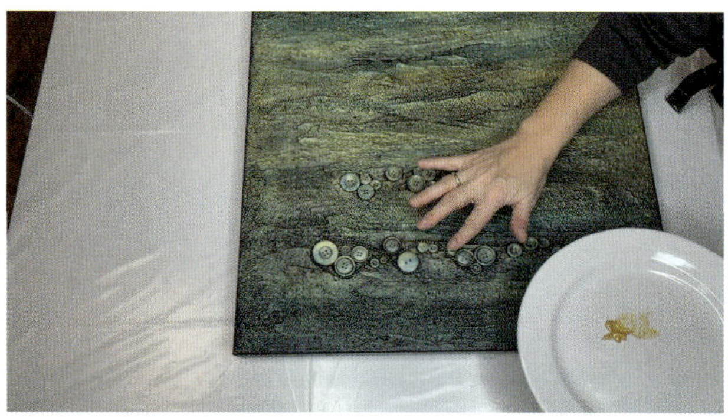

## Gut zu wissen

Um einen leicht räumlichen Effekt zu erzielen, solltest du die Knöpfe nur an einer Seite nachträglich mit Gold bearbeiten, z.B. die Farbe nur auf dem rechten Rand auftragen. Wenn du das bei allen Knöpfen machst, sieht es so aus, als fällt das Licht von rechts auf das Bild.

**Schritt 18**
Das Gold ist schnell getrocknet und nach einer Stunde kannst du dein Werk lackieren. Selbstverständlich wird das glänzender Acryllack sein, damit auch das Gold seine volle Wirkung entfalten kann. Nimm etwas Lack in ein Gefäß, verdünne es ein bisschen mit Wasser und streiche dann die Leinwand mit einem breiteren Synthetik-Pinsel satt ein.

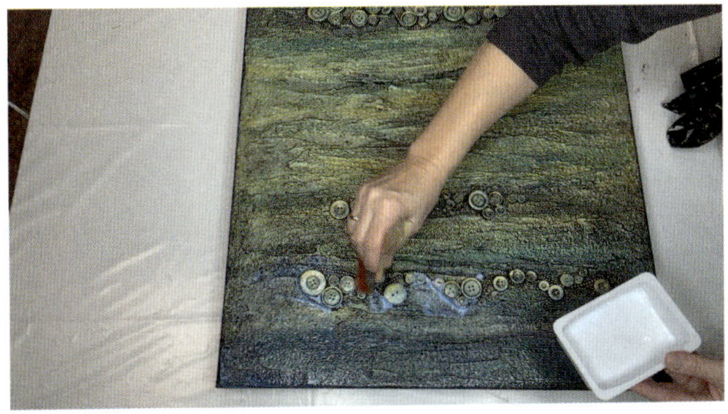

**Schritt 19**
Damit die filigranen Strukturen der Knöpfe auch erhalten bleiben, gehst du anschließend mit einem kleinen Borstenpinsel in die Vertiefungen und nimmst den Überschuss weg. Und natürlich brauchen auch deine Ränder eine Lackschicht. Nach weiteren zwei Stunden Trockenzeit ist dein neues Schmuckstück fertig.

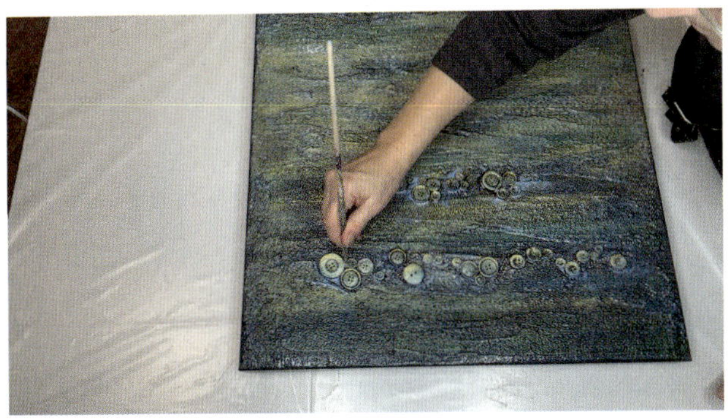

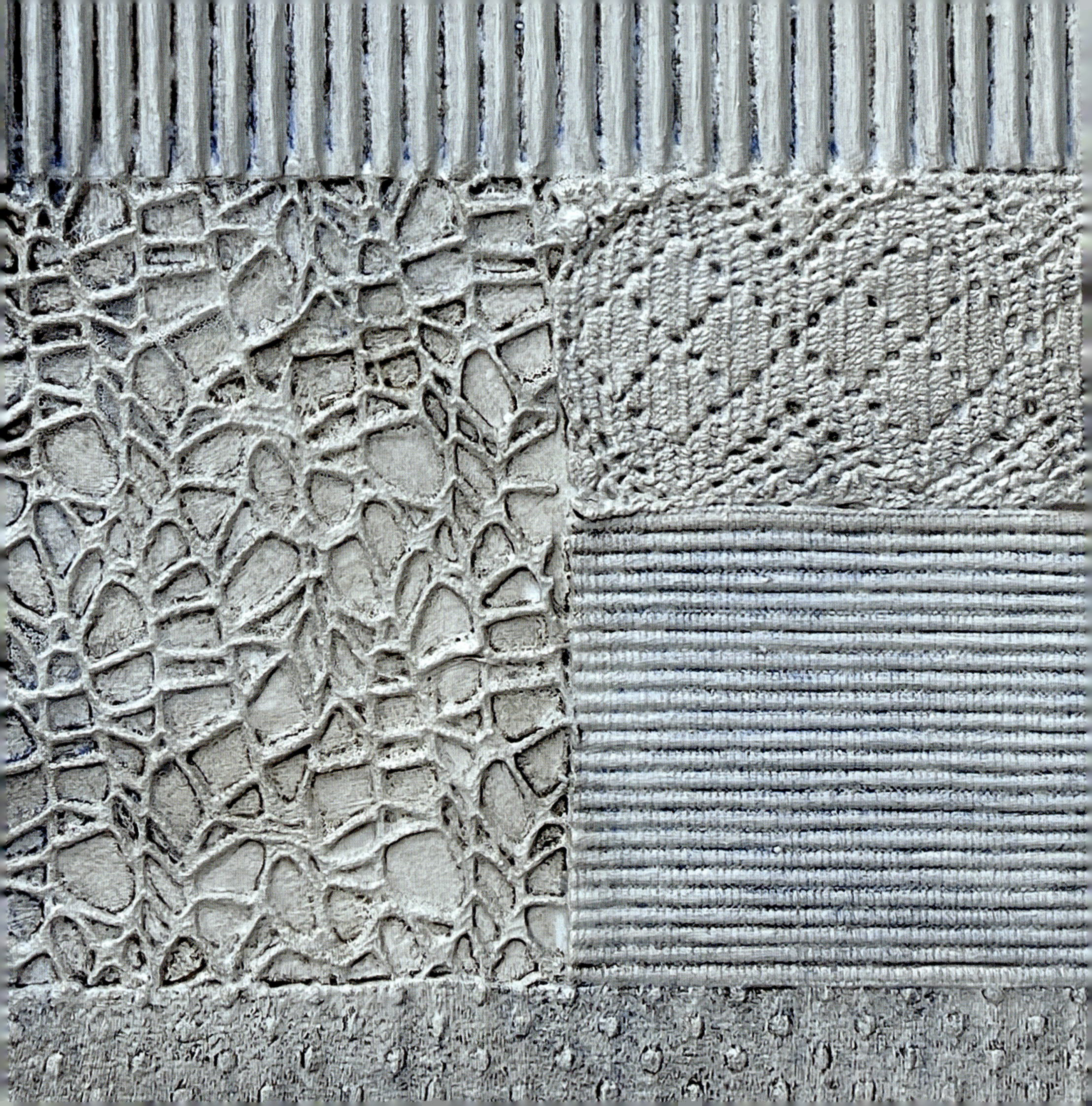

# Antique

Stoff und Papier

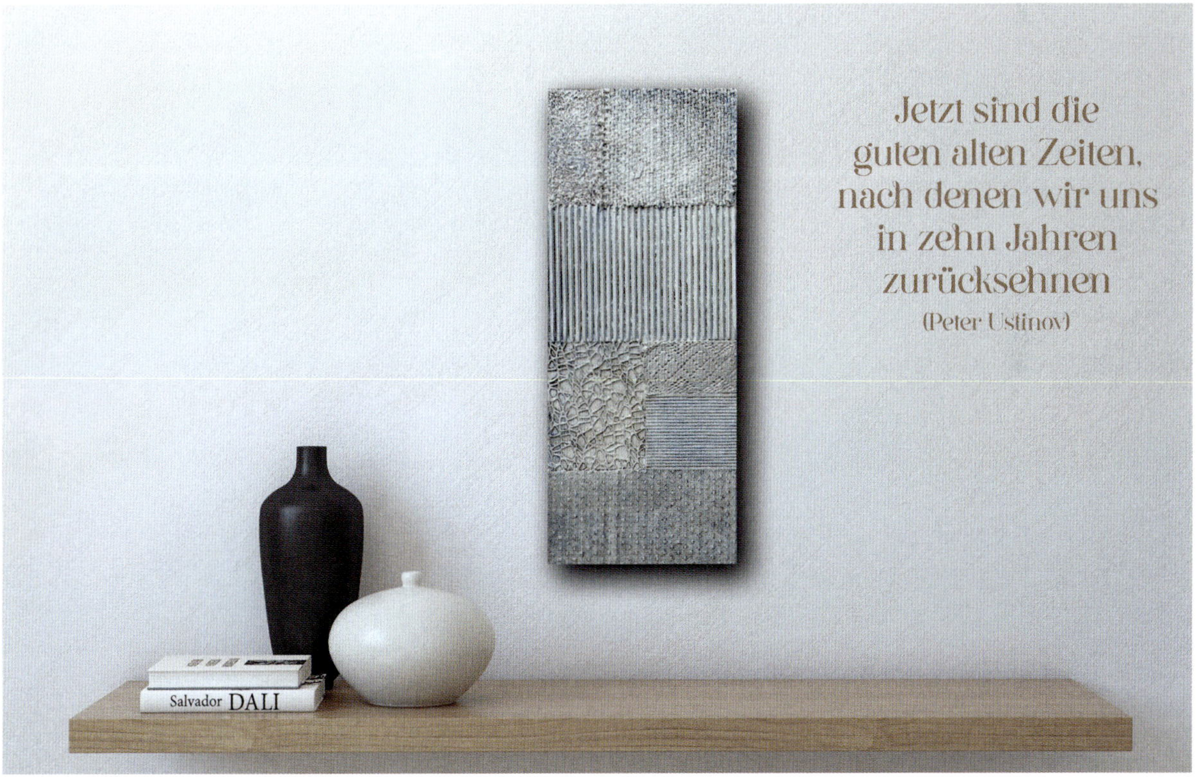

## Stoff und Papier

Für dieses Bild brauchst du ein bisschen Sammler-Leidenschaft und Jagdfieber. Schöne Stoffe und ebensolche Papiere sind ab sofort dein Begehr. Bei beiden musst du aufpassen: Bedrucktes hilft dir nicht weiter, du brauchst Strukturen im Material. Die besten Stoffe habe ich in Polstereien gefunden. Mach den Augen-Zu-Test: wenn du mit geschlossenen Augen Unterschiede im Stoff fühlen kannst, ist er richtig. Und bei den Papieren ist die Wellpappe ganz vorne. Sie gibt es in verschiedenen Ausführungen. Auch handgeschöpftes Papier kann sehr reizvoll sein, lass dich von deinem Tastsinn inspirieren.

## Materialliste

- 1 Leinwand 20 cm x 50 cm, 4 cm tief
- Acrylbinder
- Gesso
- Acrylfarbe in Weiß, Dunkelbraun, Ultramarin, Schwarz
- Acryllack matt

## Werkzeugliste

- Cutter-Messer
- Sprühflasche
- Borstenpinsel, 4 cm breit
- Synthetik-Pinsel, 4 cm breit

## Zeit

Reine Arbeitszeit:
ca. 3 Stunden
Dauer mit Trockenzeiten:
7 Tage

## Zum Video

Wenn du dir gerne ansehen möchtest, wie ich dieses Bild erstelle und noch genauer wissen möchtest, wie ich arbeite, dann findest du hier das Video:
***https://elopage.com/s/die-bilder-werkstatt/antique***

# Kunterbunt am Start

**Schritt 1**
Deine Stoffsammlung für ein Bild sollte möglichst verschiedene Strukturen enthalten: Streifen, Blumiges, Jute, alte Spitze, Wellpappe und Obstnetze passen gut zusammen. Mache daraus eine Anordnung, die nicht zu wild ist. Vielleicht denkst du das Bild in Streifen, wie hier in der Skizze angedeutet. Dann schneidest du die Stücke zurecht. Es macht nichts, wenn die Ränder überstehen, dass schneidest du nach dem Trocknen einfach ab.

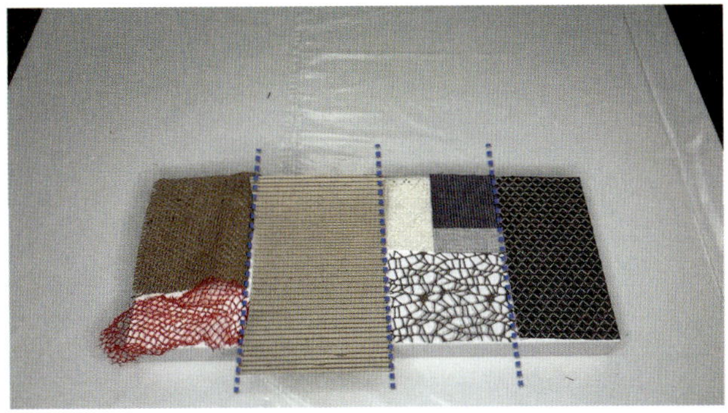

**Schritt 2**
Dann legst du deine Stoffstücke neben die Leinwand. Geklebt wird mit Acrylbinder. Für das erste Stück pinselst du die Leinwand satt ein, ...

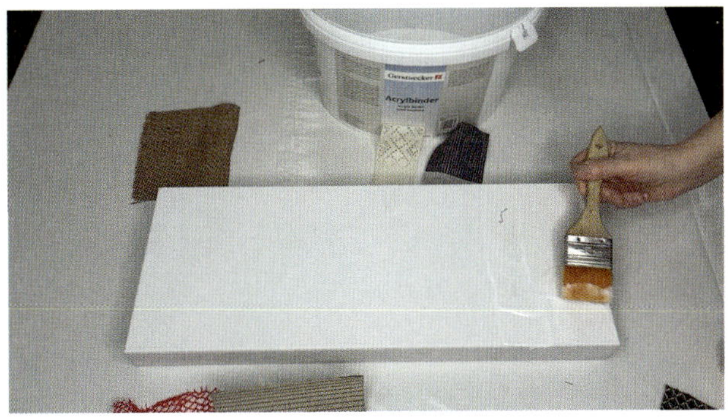

**Schritt 3**

... legst das Stoffstück auf und gehst mit dem Binder auch über den Stoff.

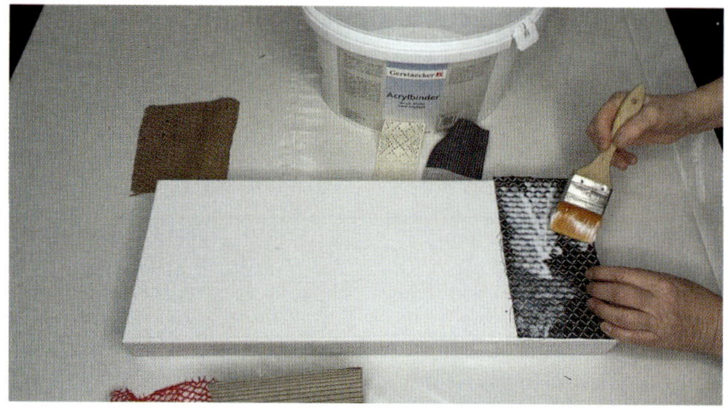

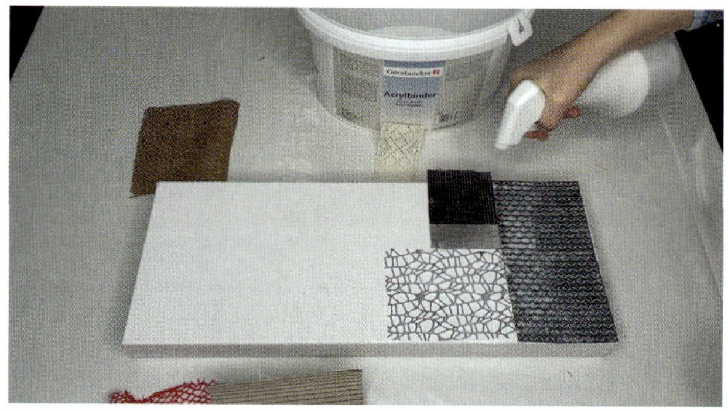

## Tipp

Bei einem dicken Stoff wie Jute sprühst du den Stoff ein bisschen mit Wasser ein, dadurch dringt der klebrige Binder besser in den Stoff. Der Untergrund muss gut mit Acrylbinder eingestrichen werden, sonst klebt es nicht. Und auch bei der Deckschicht an Binder solltest du nicht zimperlich sein. Du brauchst ordentlich Klebkraft.

**Schritt 4**
Es bietet sich an, einige der Elemente über die Kante zu kleben, wie z.B. die Spitze oder auch die Wellpappe.

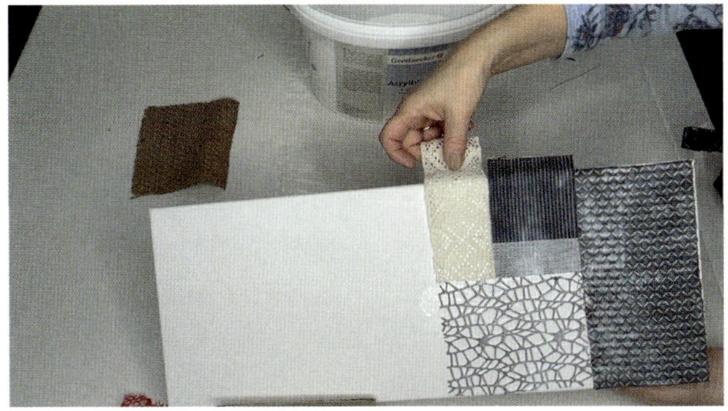

## Gut zu wissen

Wellpappe solltest du nicht mit Wasser einsprühen, sie weicht schnell auf und verliert dann die Wellen. Da reicht es, wenn du unten drunter und oben drüber Acrylbinder verstreichst.

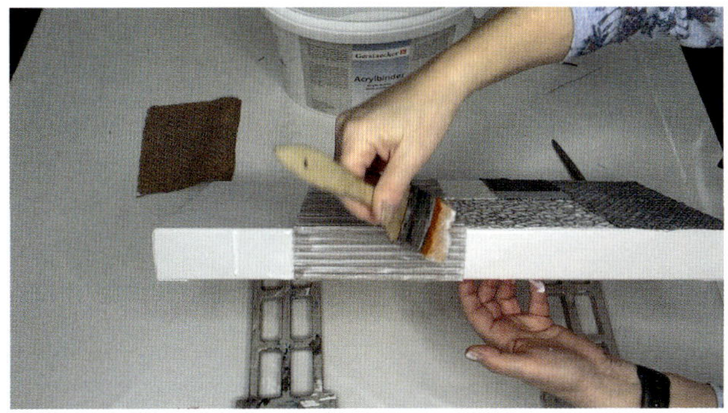

**Schritt 5**
Auch das Obstnetz kannst du gut über den Rand kleben. Das Netz musst du in Acrylbinder einbetten, sonst wird es nicht halten. Diese Klebschicht braucht mindestens zwei Tage zum Trocknen. Kontrolliere gern auch zwischendurch, ob alles hält, sonst musst du mit Acrylbinder nachbessern.

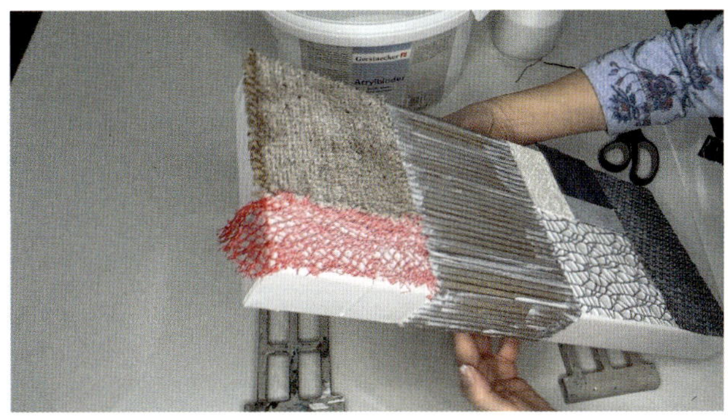

# Vergiss bunt

**Schritt 6**
Bevor du nun mit einem Farbauftrag starten kannst, schneidest du die überstehenden Stücke ab. Die sind inzwischen bretthart und du kannst hier sehr gut mit einem Cutter-Messer arbeiten: schiebe die Klinge ein gutes Stück heraus und „säge" dann einfach entlang der Kante.

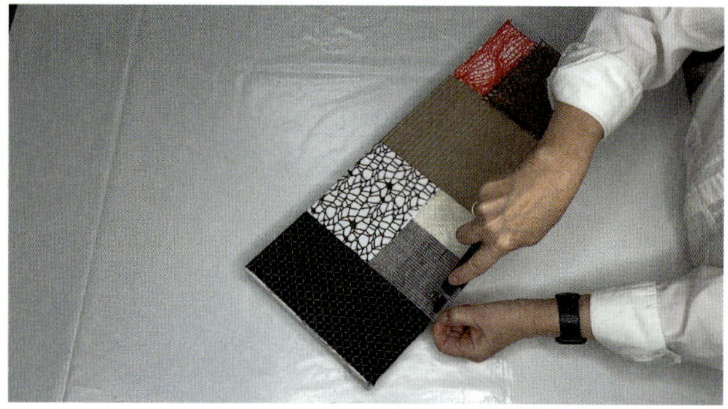

## Gut zu wissen

Achte darauf, dass du dich nicht schneidest und auch nicht in Leinwand sägst.

**Schritt 7**
Dann grundierst du deine gesamte Leinwand einschließlich der Ränder mit Gesso. Achte drauf, dass alles bedeckt wird und keine Stofffarbe mehr durchblitzt. Wahrscheinlich muss du zwei Mal Gesso auftragen, um das zu erreichen. Jede Schicht solltest du mindestens einen Tag trocknen lassen.

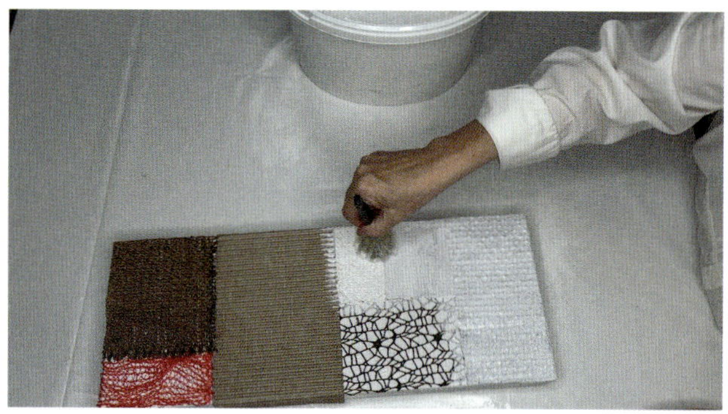

## Gut zu wissen

Mit Gesso schaffst du eine Verbindung zwischen den Stoffen und der nachfolgenden Farbe. Ein direkter Auftrag mit Acrylfarbe wäre sehr mühselig, weil die Farbe nicht gut haftet.

**Schritt 8**
Nach dem Gesso kommt dann weiße Acrylfarbe. Sie ändert jetzt nicht den Farbton, weiß ist weiß, aber sie sieht brillanter aus und fühlt sich auch nicht so stumpf an wie die Gesso-Schicht. Und erst nach dieser Schicht Acryl-Farbe ist dein Bild wirklich schneeweiß. Lass dein Bild einen halben Tag trocknen.

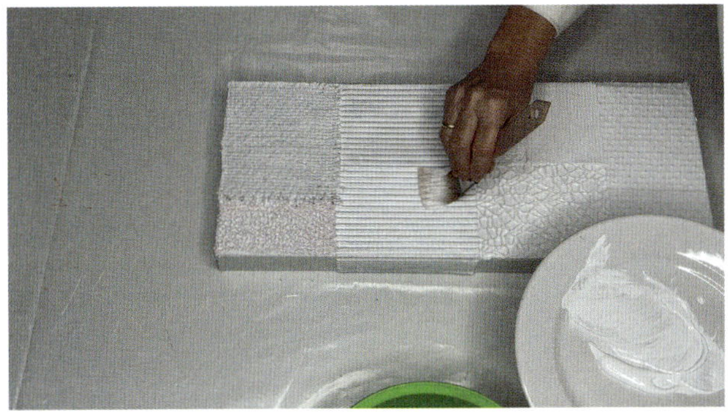

## Gut zu wissen

Und wenn dir dein Bild jetzt schon gut gefällt, musst du nicht weitermachen. Auch dieses reine Weiß hat seinen Reiz.

# Eine neue Dimension

**Schritt 9**
Die Strukturen werden erst richtig sichtbar, wenn du jetzt eine dunkle, flüssige Farbe aufträgst. Nimm etwas braune Acrylfarbe auf einen Teller und verdünne sie stark mit Wasser.

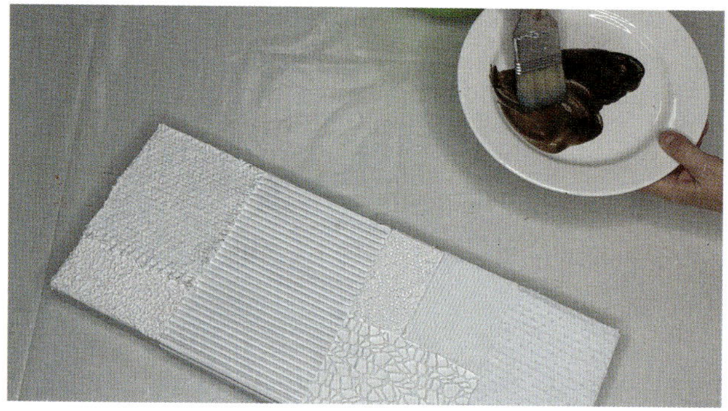

**Schritt 10**
Dann sprühst du deine gesamte Leinwand ein.

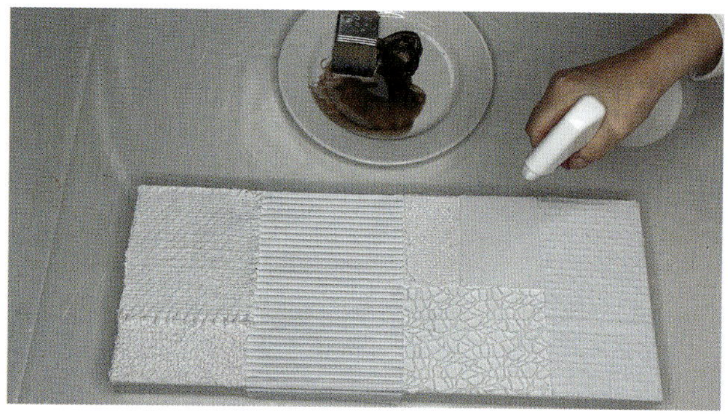

**Schritt 11**
Die flüssige Farbe bringst du jetzt zunächst gleichmäßig auf alle Stoff- und Papierstücke auf. Damit wird plötzlich jede noch so kleine Struktur sichtbar. Denke auch an die Ränder, das ist nicht ganz einfach. Hier musst du mehrfach mit dem Pinsel drüber gehen, weil die Farbe immer wieder herausläuft.

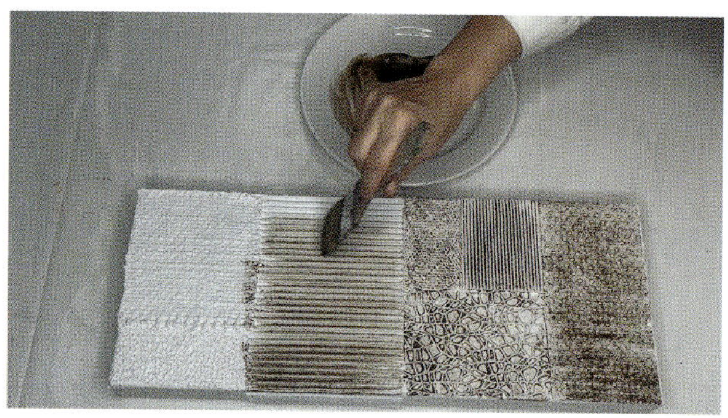

**Schritt 12**
Anschließend kannst du entscheiden, wie viel Dunkelheit in deinem Bild bleiben soll, tupfe mit einem Küchenkrepp leicht die Farbe ab.

Das lässt du jetzt einen Tag trocknen.

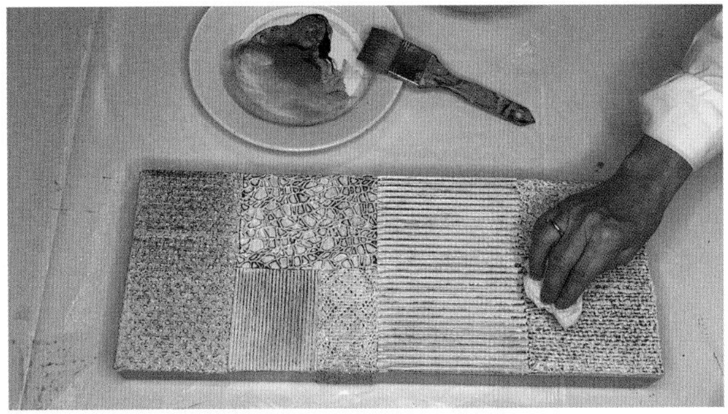

## Gut zu wissen

Bitte bedenke beim Wegtupfen, dass die Farbe jetzt dunkler wirkt, weil sie noch nass ist. Später wird alles deutlich heller sein. Gegebenenfalls kannst du diesen Farbauftrag auch wiederholen, wenn das Ergebnis zu hell ausgefallen ist.

## Gut zu wissen

Auch hier kann für dein Bild Schluss sein, wenn es dir schon richtig gut gefällt. Dieses Braun ist jetzt in den Vertiefungen getrocknet und sieht ein bisschen wie Staub oder eine leichte Schmutzspur aus, gerade so, als wenn der Zahn der Zeit an diesem Bild genagt hat. Ein klassischer Vintage-Effekt.

**Schritt 13**

Du kannst hier noch etwas „Pepp" einbringen: Mische dir Acrylfarbe in Ultramarinblau und Schwarz auf einen Teller zu einer flüssigen Farbe an.

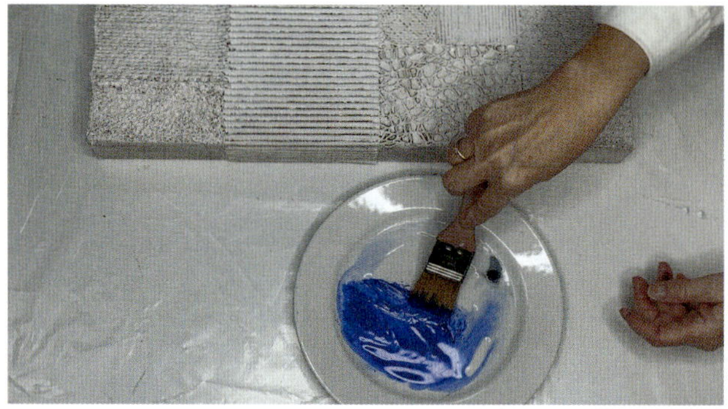

**Schritt 14**

Dann sprühst du erneut dein Bild ein und verteilst diese flüssige Mischfarbe über die gesamte Fläche. Was dir zu viel erscheint, tupfst du wieder mit einem Küchenkrepp weg. Ein Hauch von Blau kann schon genug sein. Lass auch das noch einmal einen Tag trocknen.

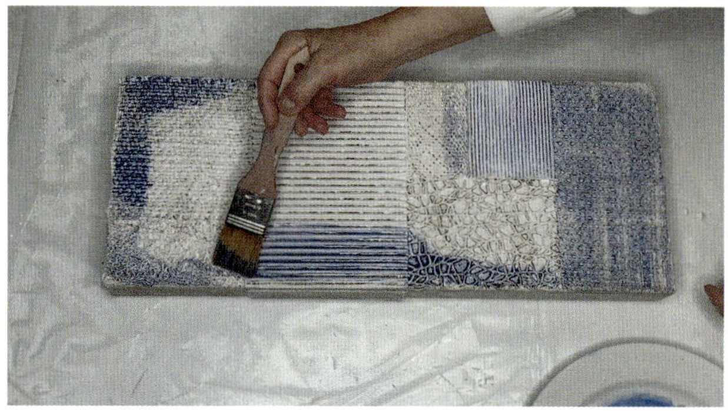

# Der Lack ist drauf

Auch dieses Werk solltest du am Ende lackieren. Die Oberfläche fühlt sich einfach besser an und dein Werk ist gut geschützt.

## Gut zu wissen

Ob du dein Bild glänzend, seidenglänzend oder matt lackierst, ist eine Geschmacksfrage. Tendenziell empfehle ich für dunkle Bilder eher Glanz, während helle Bilder in matt sehr edel aussehen können.

**Schritt 15**
Gib etwas Acryllack in Matt in ein Schälchen, füge etwas Wasser hinzu und lackiere dein Bild einmal durch. Anschließend kannst du noch mit dem Pinsel einen Überschuss an Lack abnehmen. Die Lackschicht ist nach zwei Stunden durchgetrocknet.

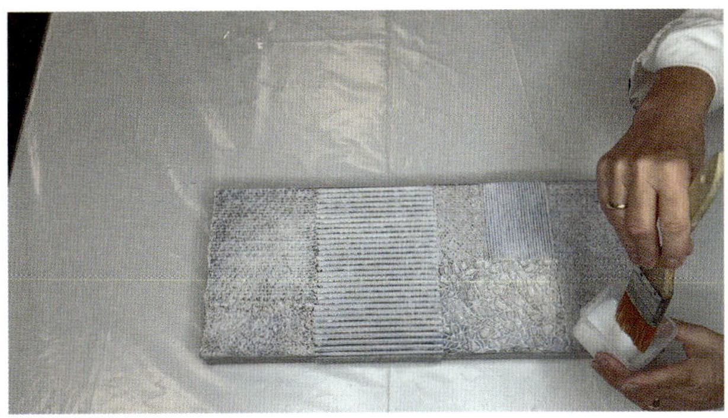

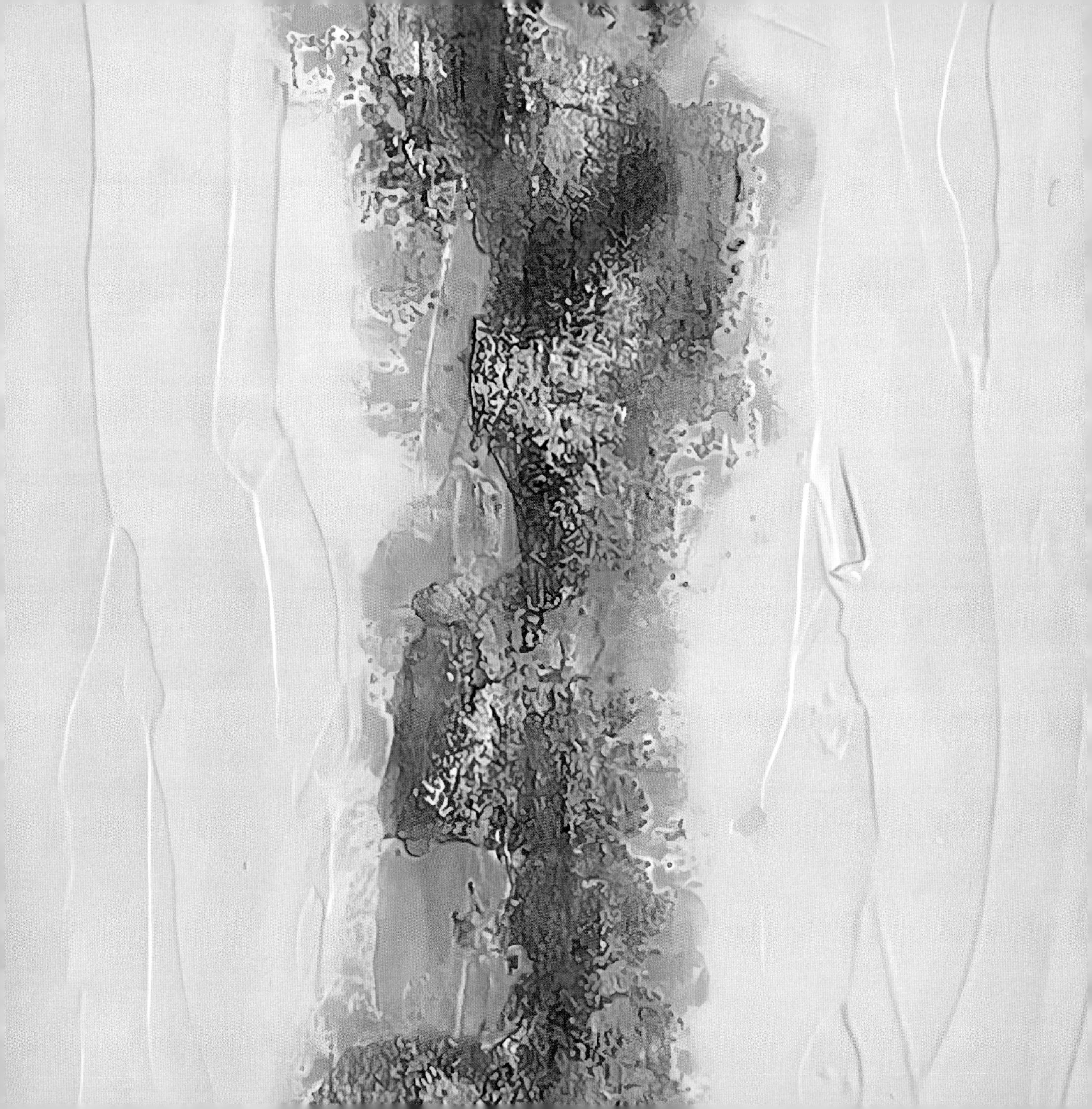

# Riff

Gesso

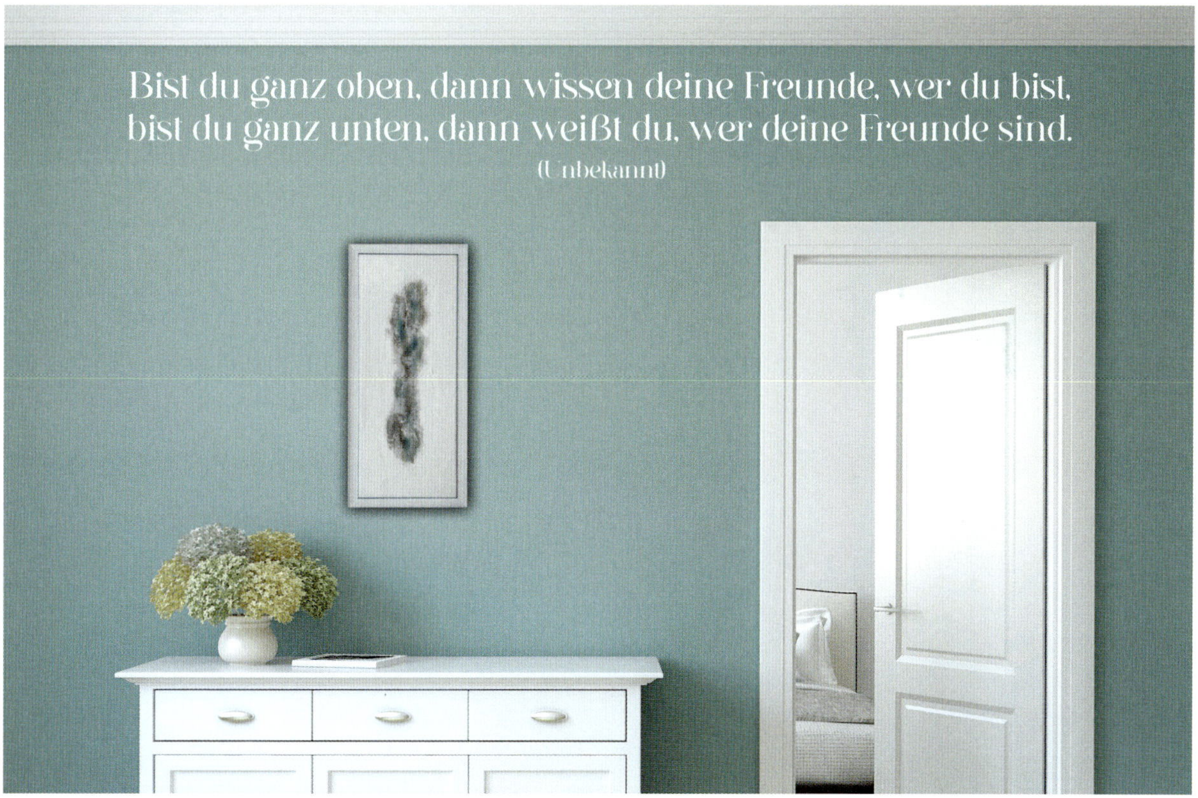
Bist du ganz oben, dann wissen deine Freunde, wer du bist,
bist du ganz unten, dann weißt du, wer deine Freunde sind.
(Unbekannt)

## Gesso

Gesso wird zum Grundieren von Leinwänden gebraucht. Sofern du deine Leinwände im Künstlerfachhandel erwirbst, sind diese meistens schon entsprechend grundiert. Wenn du aber, wie in diesem Beispiel, auf einer Holzplatte arbeiten willst, dann brauchst du Gesso, um den Untergrund für die Aufnahme von Farbe vorzubereiten. Gleichzeitig kannst du Gesso auch als Spachtelmasse einsetzen und damit wunderbar zarte Strukturen zaubern.

## Materialliste

- 1 weiße Hartfaserplatte
- Gesso
- Holzleim (Ponal)
- Spachtelmasse Grob
- Leinöl
- Ölfarbe
- Geschirrspülmittel
- Acryllack seidenglänzend
- 1 Holzrahmen

## Werkzeugliste

- Lackrolle
- Kleiner Japanspachtel
- Malmesser
- Kleiner Borstenpinsel
- Baumwolllappen
- Breiter Synthetikpinsel

## Zeit

Reine Arbeitszeit:
ca. 3 Stunden
Dauer mit Trockenzeiten:
mindestens 5 Wochen

## Zum Video

Wenn du dir gerne ansehen möchtest, wie ich dieses Bild erstelle und noch genauer wissen möchtest, wie ich arbeite, dann findest du hier das Video:
***https://elopage.com/s/die-bilder-werkstatt/riff***

# So bleiben die Kosten im Rahmen

Auf Flohmärkten findest du oft alte Holzrahmen, die du mit Gesso leicht grundieren kannst. Dann lässt du dir im Baumarkt eine passende weiße Hartfaserplatte zuschneiden und startest damit dein neues Bild.

## Gut zu wissen

Gesso kommt aus dem Italienischen und bedeutet übersetzt: Gips. Und tatsächlich erinnert die trockene Oberfläche an die stumpfe Haptik von Gips. Auf einem mit Gesso grundierten Untergrund haftet Farbe sehr gut.

**Schritt 1**
Damit die Hartfaserplatte sich nicht so schnell verzieht, trägst du auf beiden Seiten Gesso auf. Beginne mit der Rückseite, du kannst sie gut mit einer Lackrolle rollen. Die Seite braucht einen Tag zum Trocknen.

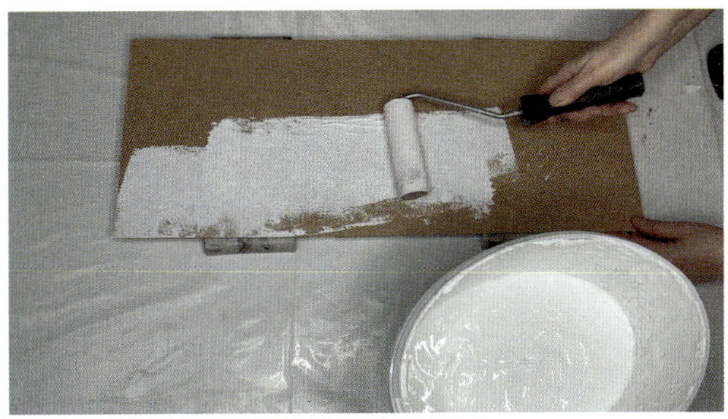

**Schritt 2**

Auf der Vorderseite trägst du das Gesso mit einem Malmesser auf, nicht zu dick, aber es sollen deutliche Spuren sichtbar sein. Je nach Stärke des Auftrags ist das in ein bis zwei Tage trocken.

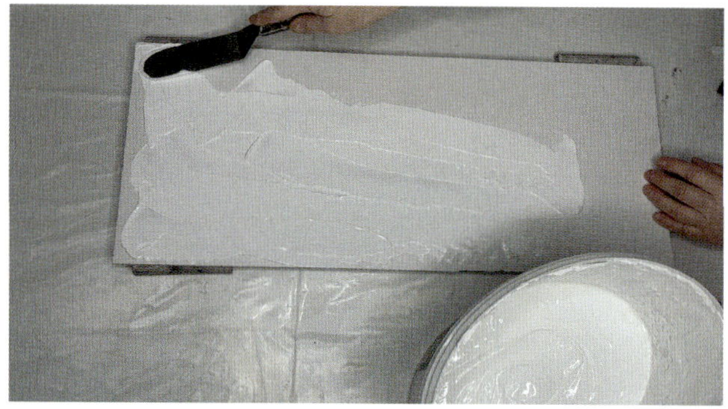

# Einfach spachteln

**Schritt 3**

Das Motiv in der Mitte der Platte wird nun aus zwei Materialien gespachtelt. Die ersten Spuren spachtelst du mit Holzleim: Nimm einen kleinen Japan-Spachtel, tauche ihn ein bisschen in den Holzleim ein und führe den Spachtel sehr flach über das Gesso. Es entstehen unterbrochenen Strukturen.

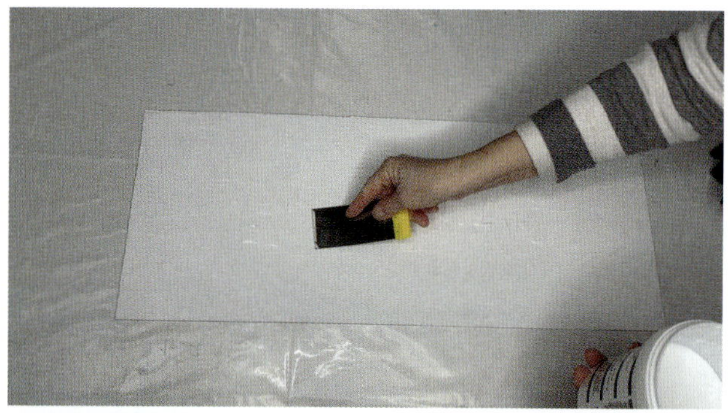

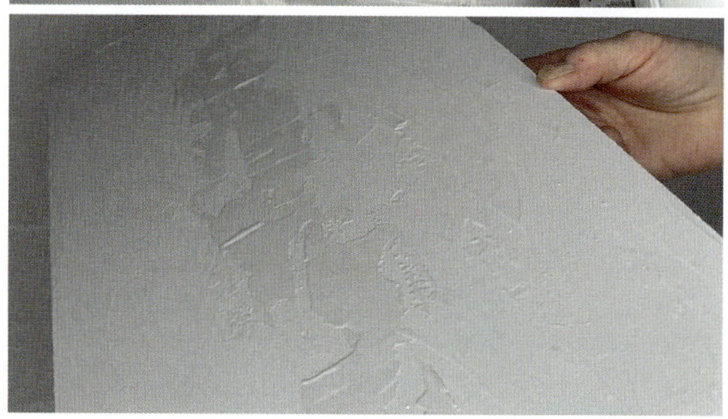

**Schritt 4**
Direkt im Anschluss setzt du in die noch feuchte Holzleim-Schicht an einigen Stellen eine Spachtelmasse ein, in meinem Fall ist das eine grobe Fertig-Spachtelmasse. Du kannst aber auch einen Rest von fertig angerührtem Marmormehl nehmen oder eine andere Masse, die etwas grober ist. Mit dem kleinen Japan-Spachtel setzt du nun leichte Spuren dieser Spachtelmasse in das Motiv, teilweise neben den Holzleim, teilweise auch darüber.

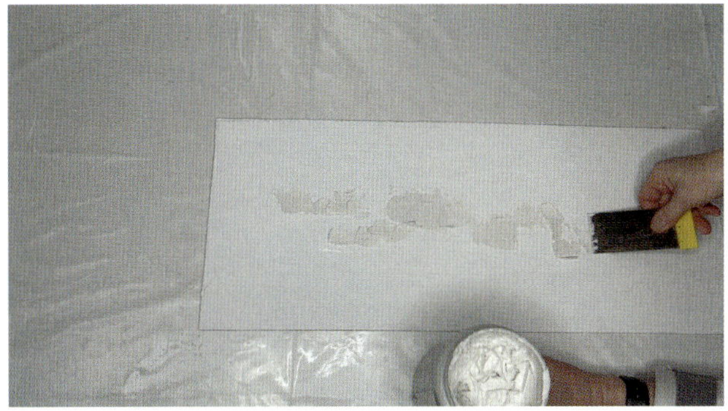

Am Ende hast du einen unregelmäßigen gestalteten Bereich in der Mitte der Holzplatte. Nach einem Tag ist dieses Material trocken.

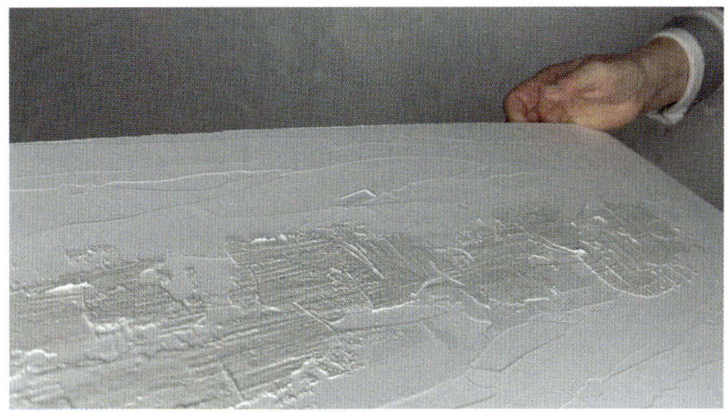

# Mit Geschirrspülmittel kannst du malen

Für die farbliche Ausgestaltung des Motivs brauchst du Ölfarbe, zwei Farbtöne, hier sind es Türkis und Umbra. Gib eine kleine Menge auf einen Teller. Und dann mischt du dir aus etwas Leinöl und der gleichen Menge Spülmittel eine einfaches Verdünnungsmittel für die Ölfarbe. Gib davon ebenfalls etwas auf den Teller.

**Schritt 5**
Um ein Gespür für die Farbigkeit und den Untergrund zu bekommen, startest du am besten mit deinem Zeigefinger: tupfe ihn vorsichtig in das Türkis und beginne dann, eine kleine Stelle in deinem Bild zu färben.

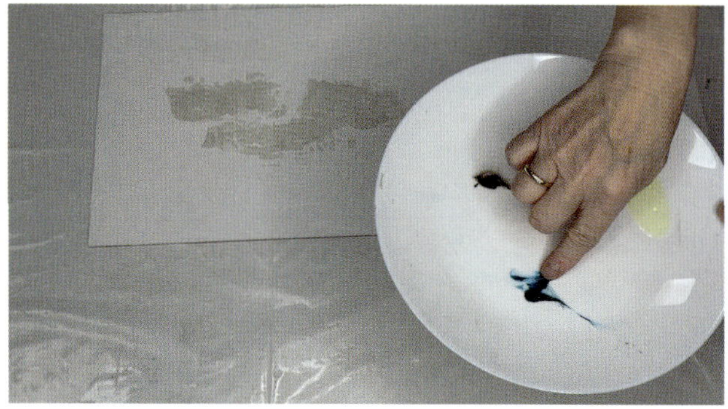

**Schritt 6**
Dann versuche, mit dem Pinsel und einem bisschen Pril-Öl-Gemisch diese Farbe zu verteilen. So bemalst du einige Stelle zunächst nur in Türkis.

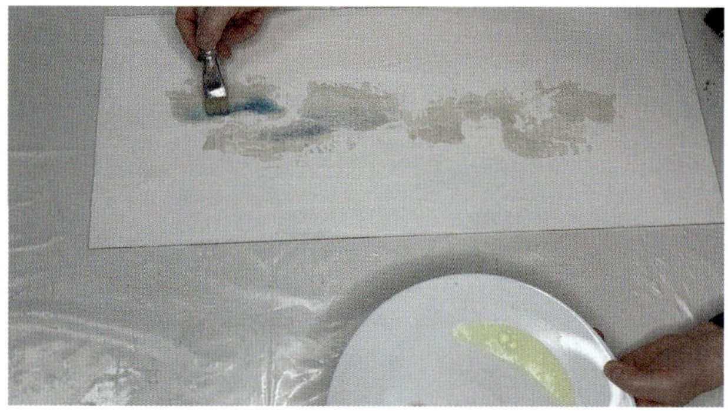

**Schritt 7**
Dann setzt du auf die gleiche Weise die zweite Farbe, Umbra, dazwischen.

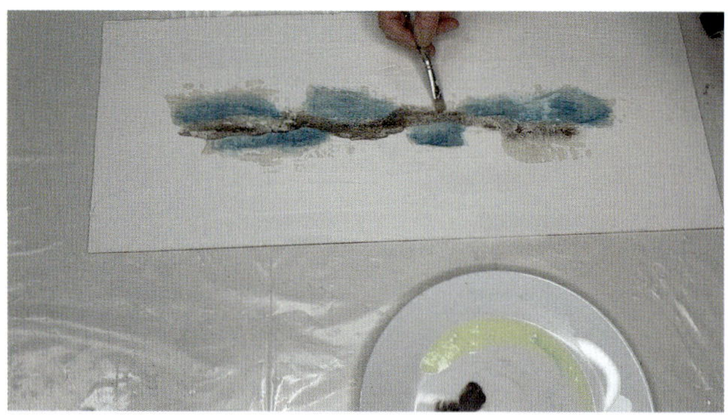

**Schritt 8**
Spannend wird es, wenn du nun einen Baumwolllappen nimmst und über die Stellen wischt, die zuvor mit Holzleim bearbeitet wurden. Hier kannst du die Farbe wieder vollständig entfernen. Damit hast du jetzt eine weitere Technik zur Gestaltung deines Motivs: Farbe mit dem Lappen zu entfernen oder auch zu verreiben.

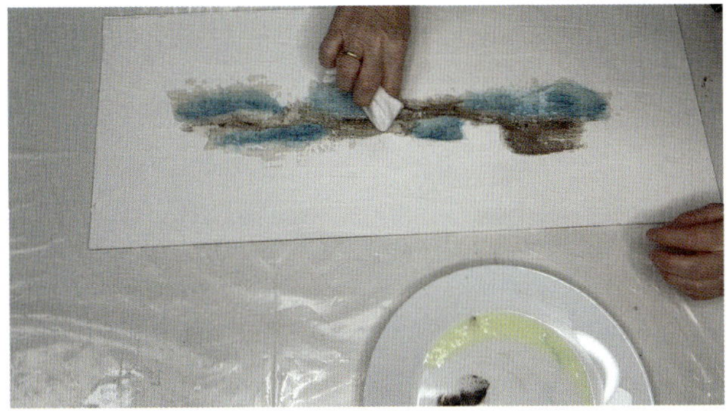

## Gut zu wissen

Mit dem Pril-Öl-Gemisch kannst du auch Farbe so gut wie vollständig entfernen, falls einige Stelle zu farbig ausfallen. Du solltest nur aufpassen, dass keine Farbe außerhalb des Motivs landet, das ließe sich nur beheben, wenn du die Ölfarbe vollständig trocknen lässt und dann erneut mit Gesso darüber tupfst. Ölfarbe braucht ca. zwei bis vier Wochen zum Trocknen.

**Schritt 9**
So könnte dann am Ende dieses Arbeitsschrittes dein Bild aussehen. Das braucht nun mindestens zwei Wochen zum Trocknen, wahrscheinlich länger. Du kannst einfach den Test machen: Streiche mit dem Finger über eine farbige Stelle. Wenn sich dein Finger färbt, muss du noch warten.

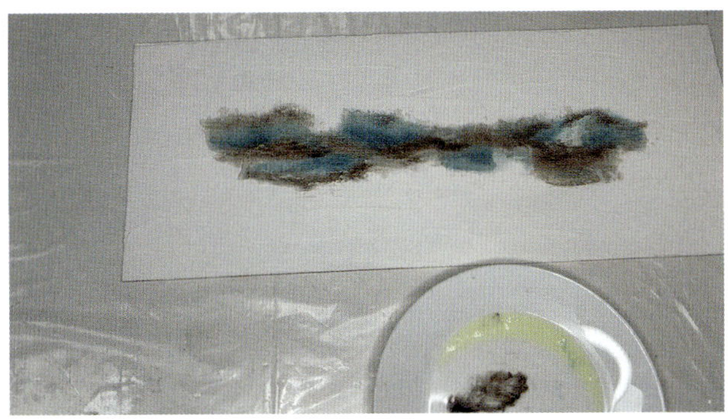

# Silber ist immer eine gute Idee

Deine Arbeit muss durchgetrocknet sein, bevor du weiterarbeitest, sonst schmieren die Farben ineinander.

**Schritt 10**
Um nun eine Verbindung zwischen den beiden Farbtönen zu schaffen, brauchst du silberfarbene Ölfarbe. Gib wieder ein bisschen davon auf einen Teller und bringe nun das Silber in dein Motiv.

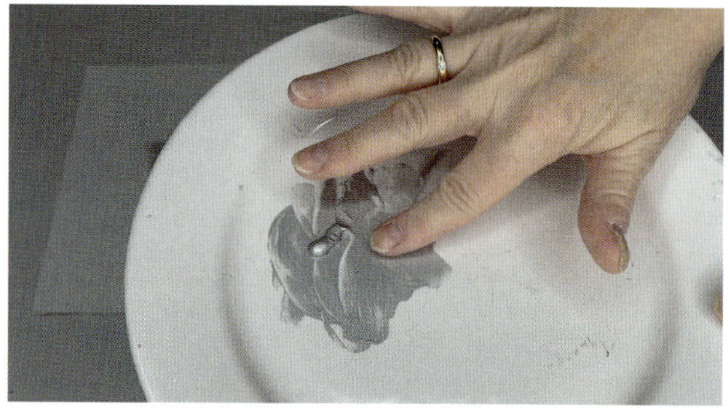

**Schritt 11**
Starte zunächst an einigen wenigen Stellen und lass auch immer wieder freie Bereiche zwischen den Farbflächen. Auch hier kann dir ein Baumwolllappen gute Dienste leisten.

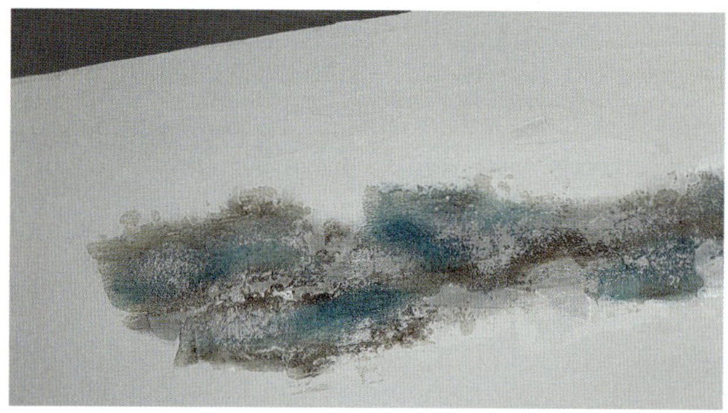

# Es muss nicht Firnis sein

Und noch einmal brauchst du Geduld, denn die Arbeit muss erneut mehrere Wochen trocknen. Das ist der Nachteil von Ölfarbe, aber findest du nicht auch? Diese Farbeffekte sind es wert!

**Schritt 12**
Nun kannst du dein Bild komplett mit Acryllack lackieren, für dieses Bild eignet sich ein Seidenglanz-Lack. Normalerweise würdest du bei Ölfarbe ein Öl-Firnis nehmen, aber da auch das Gesso lackiert werden soll, solltest du auf Acryllack ausweichen, dann brauchst du auch kein weiteres Produkt. Dafür muss aber dein Bild vollständig durchgetrocknet sein.

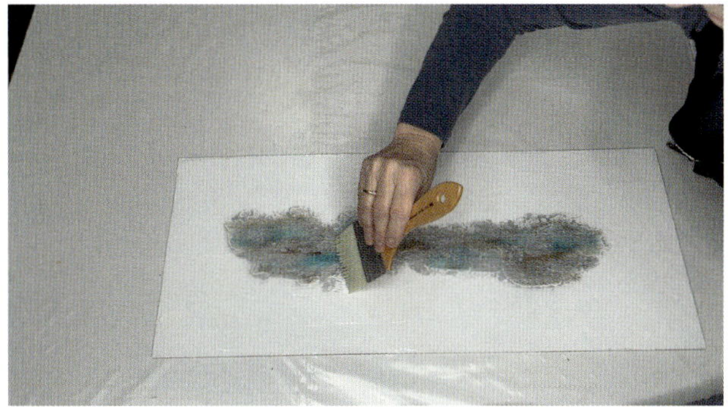

**Schritt 13**
Und wenn du bereits einen alten Rahmen mit Gesso gestrichen hast, dann kannst du ihn einmal anschleifen und mit weißer Acrylfarbe erneut streichen. Eventuell musst du das Schleifen und Streichen noch einmal wiederholen.

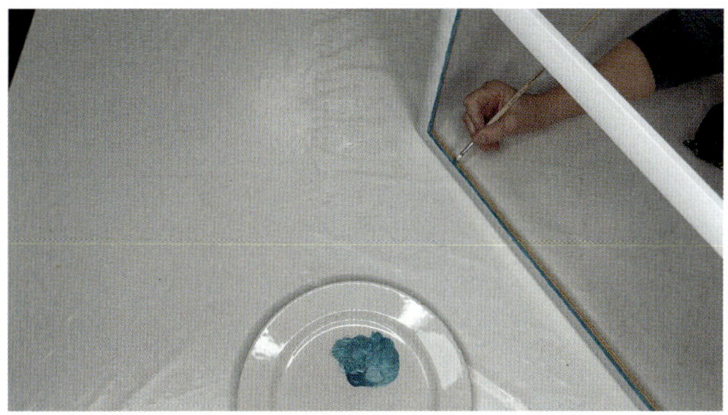

Richtig elegant wird es dann, wenn du in dem Rahmen einen Farbton aus deinem Bild aufnehmen kannst. Deshalb solltest du den Rahmen erst zum Schluss fertigstellen.

# Und so fing alles an

Ich wurde 1958 im Ruhr-Pott geboren und das Kreative lag damals schon mit in der Wiege, na ja, genaugenommen war es ein Stubenwagen. Meine Eltern hatten ein kleines Geschäft mit Bastel- und Handwerker-Materialien, angefangen bei Wattekugeln über Tonpapier und Holzleisten bis hin zu Farben und Werkzeugen. Und ich bin inmitten von all dem groß geworden. Mein Vater war ein geschickter Schreiner und meine Mutter konnte präzise sticken und Gott sei Dank wurden diese Gene vererbt.

In der Schule habe ich den Kunst-Unterricht geliebt und die Zensuren waren entsprechend. Doch mein Lehramts-Studium habe ich mit Mathematik und Geografie verbracht und auch gut gemeistert. Aus dem Lehrer-Dasein ist dann allerdings nichts geworden, meine Fächer waren nicht gefragt. Aber gemalt habe ich schon damals sehr viel. Alles wurde ausprobiert und lange Zeit hatte es mir die Seidenmalerei angetan. Voller Freude über dieses farbige Spektakel habe ich in etlichen Kursen viele Teilnehmer:innen an dieses Thema herangeführt.

Da ich als Lehrerin in der Schule nicht starten konnte, habe ich meine Selbstständigkeit als IT-Trainerin angetreten und es wurde eine Lebenszeit mit viel Reisetätigkeit. Der Job war großartig, aber vorbei waren die kreativen Stunden, es fehlte einfach die Muße zum Malen. Das ging so weiter bis 2006. Aus heiterem Himmel entstand damals ein tiefes Verlangen, mich wieder mit Pinsel und Farbe zu befassen, genauer gesagt, mit Spachtel, Pinsel und Farbe. Denn für mich stand fest: ich will Strukturen auf einer Leinwand gestalten, sehen, fühlen und bemalen.

Wie so oft im Leben kam mir dann der Zufall zur Hilfe: Ich fand meine Lehrmeisterin, bei der ich 2 Jahre genau die Bilder gestalten konnte, die ich vor meinem geistigen Auge hatte. Gleichzeitig habe ich so viel über die Materialien gelernt, dass ich auf eigenen Füssen stehen und gehen konnte, inklusive hinfallen und wieder aufstehen.

Und dann wurde es noch einmal sehr spannend in meinem Leben: Mein Mann und ich beschlossen, nach Schleswig-Holstein zu ziehen. Und das aus einem einzigen Grund: dort ist es einfach herrlich, es geht immer ein bisschen Wind, so dass es nie zu heiß ist und Nord- und Ostsee sind gerade mal eine halbe Stunde entfernt.

Vielleicht war es die frische Brise, die den Kopf frei werden ließ. Auf diesem freien Platz landete die Idee einer Malschule. Seit 2016 darf ich meine Begeisterung für alles, was Strukturen macht, mit meinen Malfreund:innen teilen. Es ist eine unglaublich kreative Atmosphäre, in der wir zusammen sind und uns gegenseitig mit Ideen befruchten.

Bis Corona diesem Austausch ein jähes Ende bereitete. Natürlich habe ich weiter gespachtelt und gemalt. Aber in dieser ruhigen Zeit wurde ich den Gedanken nicht mehr los, mein Knowhow online weiterzugeben. Und so erblickte mein YouTube-Kanal das Licht der digitalen Welt. Schnell wurde deutlich: Da draußen gibt es viele kreative Menschen, die meine Begeisterung für Strukturen teilen und denen ich etwas geben kann, so wie dir mit diesem Buch. Sei es eine Idee für ein Bild, ein Impuls für neues Material oder eine Anleitung für eine Technik. Und dann hängt eines Tages bei dir oder bei mir oder bei anderen eine Kreation an der Wand, die uns immer wieder begeistert.

Dafür stehe ich morgens auf.

Ich wünsche dir viel Freude in deinem Schaffen

Deine Gudrun

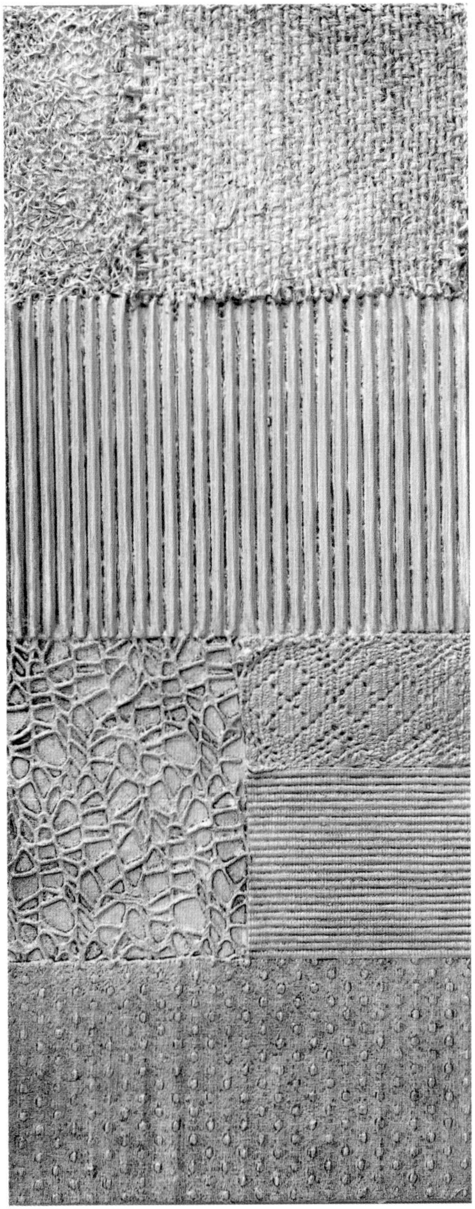

## Hier bin ich zu finden:

Hier malst du selbst:
***https://die-bilder-werkstatt.de***

Meine Bilder für dein Zuhause:
***https://gudrunrg.de***

Mach deinen Traum wahr:
***https://mach-mal-ferien.de***

Hier buchst du deine Onlinekurse:
***https://marmormehl-online.de***
***https://sumpfkalk-online.de***

Dein Gratis-Malkurs mit Videos:
***https://gratis-malkurs.de***

Meine Angebote für dich:
***https://elopage.com/s/die-bilder-werkstatt***

Mein Kanal auf YouTube:
***https://www.youtube.com/c/DieBilderWerkstattGudrun***

Facebook:
***https://www.facebook.com/diebilderwerkstatt***

Facebook-Gruppe:
***https://www.facebook.com/groups/Marmormehl***

Instagram:
***https://www.instagram.com/die_bilder_werkstatt/***

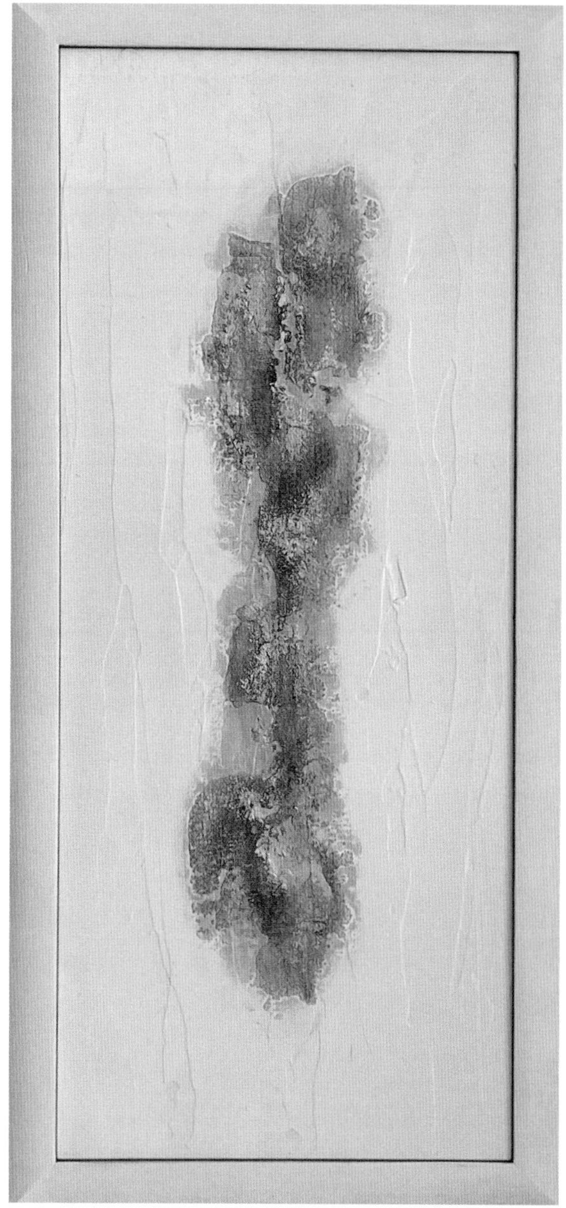

# Links zu den Materialien

## Keilrahmen

*https://www.gerstaecker.de/gerstaecker-studio-2-keilrahmen.html*

*https://www.gerstaecker.de/gerstaecker-studio-xl-keilrahmen.html*

## Marmormehl

*https://www.gerstaecker.de/gerstaecker-marmormehl.html*

*https://www.boesner.com/marmormehl-10986*

*https://www.kremer-pigmente.com/de/shop/fuellstoffe-baustoffe/farblose-farbige-mineralfuellstoffe/karbonatisch-kreide-marmor-u-a/58500-marmormehl-italienisch.html*

## Acrylbinder

*https://www.gerstaecker.de/gerstaecker-acrylbinder.html*

*https://www.boesner.com/binder-10982*

## Acrylfarbe

*https://www.boesner.com/studio-acrylfarbe-16955*

*https://www.boesner.com/bronze-studio-21539*

*https://www.gerstaecker.de/lukas-cryl-studio-feine-kuenstler-acrylfarbe.html*

## Acryllack

*https://www.boesner.com/uv-acryllack-26289*

## Acryldispersion

*https://www.kremer-pigmente.com/de/shop/mal-binde-klebemittel/dispersionsbinder/75367-dispersion-k-9.html*

*https://www.boesner.com/rh14-acrylemulsion-10978*

## Transparentpapier

*https://www.vbs-hobby.com/transparentpapier-a217858*

## Pigment Indigo

*https://www.kremer-pigmente.com/de/shop/pigmente/36009-indigo-synthetisch.html*

## Quarzsand

*https://www.boesner.com/quarzsand-10979*

## Fertigputz

*https://toom.de/p/fertigputzgips-goldband-10-kg/3053523?bbo=2*

## Gesso

*https://www.boesner.com/gesso-10966*

## Goldglitter

*https://www.kremer-pigmente.com/de/shop/pigmente/perlglanz-effektpigmente/50802-gold-glitzer-0-2-x-0-4-mm.html*

## Gel Malmittel

*https://www.gerstaecker.de/talens-amsterdam-gel-malmittel-matt-080.html*

Alles Links finden Sie zum Download auf unserer Webseite unter *http://bit.ly/3T14Ptc*

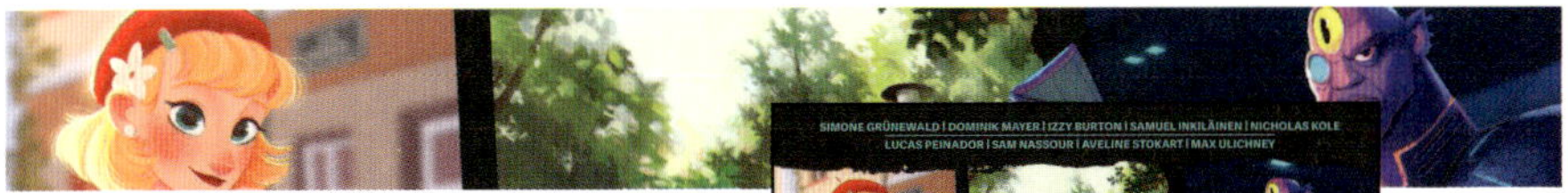

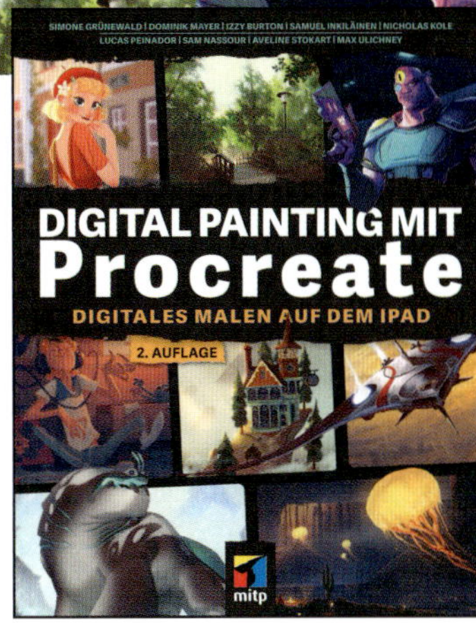



Max Ulichney | Dominik Mayer
Izzy Burton | Samuel Inkiläinen
Nicholas Kole | Lucas Peinador
Sam Nassour | Aveline Stokart
Simone Grünewald


# Digital Painting mit Procreate

## Digitales Malen auf dem iPad

2. Auflage

**Einführung in die wichtigsten Procreate-Funktionen für digitales Malen**

**8 Tutorials von professionellen Illustrator*innen mit detaillierten Schritt-für-Schritt-Anleitungen**

**Illustration, Charakterdesign, Fantasy-Landschaften und -Kreaturen, Raumschiff, Science-Fiction-Wesen, Zeichnen im Freien und Malen wie mit traditionellen Medien**

Procreate ist die beliebteste App für digitales Malen und Zeichnen auf dem iPad. In diesem Buch zeigen dir Experten, wie du mit Procreate deiner Kreativität freien Lauf lassen kannst und selbst zum digitalen Künstler wirst.

Im ersten Teil des Buches lernst du alle Procreate-Funktionen und -Werkzeuge kennen, die du zum digitalen Malen brauchst: von der Oberfläche und den Bedienelementen über Gestensteuerung und Pinsel bis hin zum Einsatz von Farben. Du erfährst, wie du mit Ebenen arbeitest und zahlreiche beeindruckende Effekte kreierst.

Im zweiten Teil findest du 8 Tutorials von bekannten Künstler*innen und Illustrator*innen mit detaillierten Schritt-für-Schritt-Anleitungen, so dass du genau nachvollziehen kannst, wie die einzelnen Bilder entstehen und erfährst, wie du deinen Workflow optimal gestaltest.

Mit diesem Buch lernst du alles, was du für deine digitalen Kunstwerke brauchst. Lass dich inspirieren und setze deine eigenen kreativen Ideen um.


ISBN 978-3-7475-0643-1


Probekapitel und Infos erhalten Sie unter:
**www.mitp.de/0643**